# Мир русского языка
## ロシア語の世界へ！

Ёко Аосима
Ярослав Шулатов
Юки Накано

## путешествие для начинающих
### 初心者の旅

Издательство АСАХИ

──── ロシア語の世界へ URL ────
（音声・単語集）

https://text.asahipress.com/free/others/mirrusskogoyazyka/index.html

装　　丁 ── 小熊未央

イラスト ── 中野悠希

吹　　込 ── Виктория Вышегородцева
　　　　　 Ярослав Шулатов

# はじめに

　本書は、ロシア語初修者が効率よくロシア語を習得するために作成された教科書です。そのさい、私たちが目指したのは、現代のロシア人が使う生き生きとした言葉で書かれた、ストーリー性のあるテキストを中心に据えつつ、そこで使われる表現パターンと文法を同時に学ぶというスタイルです。そのことで、基礎的な文法的知識を吸収しつつ、ロシア語の四技能（聞く、話す、読む、書く）を総合的に伸ばしていくことができるよう、気を配りました。イラストもふんだんに入れ込み、会話、註、例文などを充実させることで、教科書での学びを通じて、ロシアの文化や生活にも興味を持ってもらえるよう、工夫を凝らしました。最後まで学んだ時、個性的な登場人物たちに親近感が湧くようになるのではないでしょうか。

　この教科書は、大学の初級のロシア語クラスで利用することを想定しています。全体で８課構成にし、その中をАとБに分けたのも、大学でのセメスター制・クォーター制の授業に対応させることを念頭に置いているからです。練習問題にも、文法事項の復習にとどまらず、教室内でのペア・ワーク、グループ・ワークで利用できるような問題を入れ込みました。とはいえ、学習者がひとりでも学べるよう、音声教材も用意し、インターネットからアクセスできるようにしています。また、巻末の文法表にも力を入れておりますので、手軽な参考書としても、利用してもらえるのではないかと思います。本書で登場する単語に限らず、よく利用するロシア語単語も、インターネットから入手できます。

　各課の冒頭には、その課のテーマに関わるメインのテキストが置かれます。解説が必要と思われる語や、文法的に注意が必要な表現については、註が付されています。テキストに登場した新出の単語は単語帳としてまとめています。メイン・テキストの後は、さらにА・Бの二部構成になっています。А・Бそれぞれの冒頭には、習得すべき文法事項に関わる短い会話が二つ、示されます。重要な文法事項や表現が、実際の会話の中で使われる形を体感することができるはずです。文法事項の説明は可能な限り簡略かつ十全なものを目指しました。А・Бそれぞれの最後には、練習問題を用意しています。適宜、冒頭のイラストやインターネット上の単語リストなどを使いながら、ロシア語を使ってみてください。А・Бを通して勉強した後、メイン・テキストに立ち返るとテキストの理解が深まるでしょう。全体として、１課から４課までの到達目標は、自分のことや身の回りのことについて、簡単な自己紹介ややり取りをロシア語でできるようになること、５課から８課までの到達目標は、より複雑な広いテーマについて、口頭や書面で、説明したりやり取りしたりできるようになることです。この教科書が、ロシア語という容易とは言えない言語を、楽しみながら習得するための一助となることを願ってやみません。

　本書の作成の過程では、金子百合子先生に重要なご助言を頂きました。心よりお礼を申し上げたいと思います。朝日出版社の山田敏之さんには、企画の段階からご支援を頂き、本書の実現に多大なご尽力を頂きました。深く感謝申し上げます。

執筆者一同

## ロシア語学習者のみなさんへ

　ロシア語は、インド・ヨーロッパ語族スラヴ語派に属し、私たちには馴染みのないキリル文字を用います。名詞・形容詞には男性・女性・中性および単数・複数の違いがあり、それぞれ、文章内における役割の違いにしたがって、語尾が多様な変化をします。動詞もまた、それぞれの意味に対して完了体と不完了体の二つの形があり、さらに、移動の動詞という特殊な動詞群もあります。これらの動詞は、接頭辞・接尾辞などが付されることで、多面的なニュアンスを表します。そのため、ロシア語にはとても複雑な言語というイメージがあります。しかしながら、これらを難点としてのみ見るのではなく、別の側面から見ることもできます。ロシア語では、単語それぞれの独立性が高く、個々の単語にたっぷりの情報が入っているのです。例えば、たった一つの単語「шла」だけで、日本語では「（一人の女性がどこか一方向に歩いて）移動していた」という意味がすべて含まれます。また、このように一語の情報量が多いため、英語ほど厳しい語順の制限もなく、強調したいニュアンスにより、文章内の語順を変化させ、モザイク画のように多様に描写することが可能です。したがって、上記の「難点」はロシア語の「魅力」「豊かさ」でもあるのです。

　現代社会でロシア語を学ぶ意義は数多くあります。

　まず、ロシア国内の人口は１億４千人程度で、母語話者の数だけでもヨーロッパ最大です。それだけではなく、旧ソ連諸国、東欧、イスラエル、ドイツ、アメリカなどをはじめ、世界中に２億数千万人ほどのロシア語話者がいる、グローバルな言語でもあります。さらに、ロシア語は国際連合やUNESCO、世界保健機関や国際原子力機構などの国際機関の公用語となっており、国際宇宙ステーションでも使われています。そもそも、人間が宇宙で初めて発信した言葉はロシア語でした。そう、ロシア語は地球だけではなく、宇宙の言葉でもあるのです。

　さらに、ドストエフスキーやトルストイをはじめとして、世界文学の発展に貢献したロシア系の作家・詩人がたくさんいます。音楽やバレーなどの芸術の分野、スポーツ、理系科学などにおいてロシア語圏出身者が多く、インターネット上でもロシア語の活用度は極めて高いと言えます。ロシアは多民族・多宗教国家であり、ロシア語圏は東西文化の交差点のような存在です。その意味で、バラエティに富む様々な文化の宝庫でもあります。

　また、ロシアは日本海を挟んで日本と隣国であり、日本に一番近いヨーロッパです。地理的には、神戸や広島にとっては札幌よりウラジオストクの方が近く、北海道にとっては東京よりサハリンの方が近いのです。日露関係は17世紀に遡り、文化などの分野において活発な交流が行われてきました。現在も様々な日本企業がロシア語圏に進出し、人的交流も拡大しています。日本語には、イクラ、インテリ、ノルマなど、ロシア語起源の言葉もあり、д、э、ж、щ などのキリル文字はメール等で顔文字にも使われています。ロシア語にも「遠くの親戚より近くの隣人」という諺があります。是非とも隣国ロシアの言葉を勉強し、多様化していく広い世界を開きませんか？ ＼（・д・;)

執筆者一同

# 目　次

# ロシア語アルファベット

| 活字体 | | イタリック体 | | 筆記体 | | 名称 | 音価 |
|---|---|---|---|---|---|---|---|
| А | а | *А* | *а* | 𝒜 | а | а | [ a ] |
| Б | б | *Б* | *б* | Б | б | бэ | [ b ] |
| В | в | *В* | *в* | В | в | вэ | [ v ] |
| Г | г | *Г* | *г* | Г | г | гэ | [ g ] |
| Д | д | *Д* | *д* | Д | д | дэ | [ d ] |
| Е | е | *Е* | *е* | Е | е | е | [ je ] |
| Ё | ё | *Ё* | *ё* | Ё | ё | ё | [ jo ] |
| Ж | ж | *Ж* | *ж* | Ж | ж | жэ | [ ʒ ] |
| З | з | *З* | *з* | З | з | зэ | [ z ] |
| И | и | *И* | *и* | И | и | и | [ i ] |
| Й | й | *Й* | *й* | Й | й | и краткое | [ j ] |
| К | к | *К* | *к* | К | к | ка | [ k ] |
| Л | л | *Л* | *л* | Л | л | эл (эль) | [ l ] |
| М | м | *М* | *м* | М | м | эм | [ m ] |
| Н | н | *Н* | *н* | Н | н | эн | [ n ] |
| О | о | *О* | *о* | О | о | о | [ o ] |
| П | п | *П* | *п* | П | п | пэ | [ p ] |
| Р | р | *Р* | *р* | Р | р | эр | [ r ] |
| С | с | *С* | *с* | С | с | эс | [ s ] |
| Т | т | *Т* | *т* | Т | т | тэ | [ t ] |
| У | у | *У* | *у* | У | у | у | [ u ] |
| Ф | ф | *Ф* | *ф* | Ф | ф | эф | [ f ] |
| Х | х | *Х* | *х* | Х | х | ха | [ x ] |
| Ц | ц | *Ц* | *ц* | Ц | ц | цэ | [ ts ] |
| Ч | ч | *Ч* | *ч* | Ч | ч | че | [ tʃʼ ] |
| Ш | ш | *Ш* | *ш* | Ш | ш | ша | [ ʃ ] |
| Щ | щ | *Щ* | *щ* | Щ | щ | ща | [ ʃʼʃʼ ] |
| Ъ | ъ | *Ъ* | *ъ* | | ъ | твёрдый знак | – |
| Ы | ы | *Ы* | *ы* | | ы | ы | [ ɨ ] |
| Ь | ь | *Ь* | *ь* | | ь | мягкий знак | – |
| Э | э | *Э* | *э* | Э | э | э | [ e ] |
| Ю | ю | *Ю* | *ю* | Ю | ю | ю | [ ju ] |
| Я | я | *Я* | *я* | Я | я | я | [ ja ] |

# 日本語のキリル文字表記

| | | | | | | | |
|---|---|---|---|---|---|---|---|
| あ<br>a | い<br>и | う<br>у | え<br>э | お<br>о | | | |
| か<br>ка | き<br>ки | く<br>ку | け<br>кэ | こ<br>ко | きゃ<br>кя | きゅ<br>кю | きょ<br>кё |
| さ<br>са | し<br>си | す<br>су | せ<br>сэ | そ<br>со | しゃ<br>ся | しゅ<br>сю | しょ<br>сё |
| た<br>та | ち<br>ти | つ<br>цу | て<br>тэ | と<br>то | ちゃ<br>тя | ちゅ<br>тю | ちょ<br>тё |
| な<br>на | に<br>ни | ぬ<br>ну | ね<br>нэ | の<br>но | にゃ<br>ня | にゅ<br>ню | にょ<br>нё |
| は<br>ха | ひ<br>хи | ふ<br>фу | へ<br>хэ | ほ<br>хо | ひゃ<br>хя | ひゅ<br>хю | ひょ<br>хё |
| ま<br>ма | み<br>ми | む<br>му | め<br>мэ | も<br>мо | みゃ<br>мя | みゅ<br>мю | みょ<br>мё |
| や<br>я | | ゆ<br>ю | | よ<br>ё | | | |
| ら<br>ра | り<br>ри | る<br>ру | れ<br>рэ | ろ<br>ро | りゃ<br>ря | りゅ<br>рю | りょ<br>рё |
| わ<br>ва | | | | を<br>о | | | |
| ん<br>н | | | | | | | |
| | | | | | | | |
| が<br>га | ぎ<br>ги | ぐ<br>гу | げ<br>гэ | ご<br>го | ぎゃ<br>гя | ぎゅ<br>гю | ぎょ<br>гё |
| ざ<br>дза | じ<br>дзи | ず<br>дзу | ぜ<br>дзэ | ぞ<br>дзо | じゃ<br>дзя | じゅ<br>дзю | じょ<br>дзё |
| だ<br>да | ぢ<br>дзи | づ<br>дзу | で<br>дэ | ど<br>до | ぢゃ<br>дзя | ぢゅ<br>дзю | ぢょ<br>дзё |
| ば<br>ба | び<br>би | ぶ<br>бу | べ<br>бэ | ぼ<br>бо | びゃ<br>бя | びゅ<br>бю | びょ<br>бё |
| ぱ<br>па | ぴ<br>пи | ぷ<br>пу | ぺ<br>пэ | ぽ<br>по | ぴゃ<br>пя | ぴゅ<br>пю | ぴょ<br>пё |

# Го́род

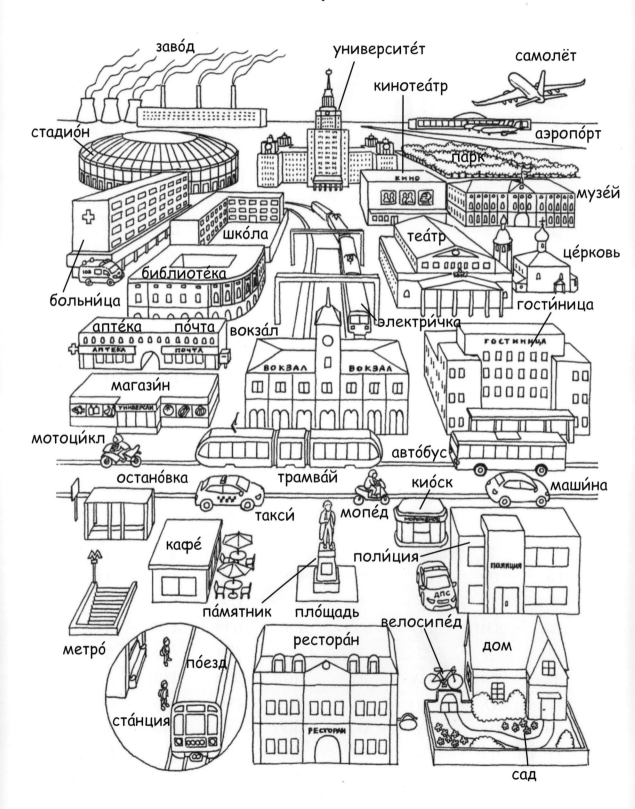

завод
университе́т
самолёт
кинотеа́тр
стадио́н
аэропо́рт
па́рк
музе́й
шко́ла
теа́тр
це́рковь
библиоте́ка
больни́ца
гости́ница
апте́ка
по́чта
вокза́л
электри́чка
магази́н
мотоци́кл
авто́бус
остано́вка
трамва́й
маши́на
кио́ск
такси́
мопе́д
кафе́
поли́ция
па́мятник
пло́щадь
велосипе́д
метро́
ресторан
дом
по́езд
ста́нция
сад

# Аудито́рия

потоло́к

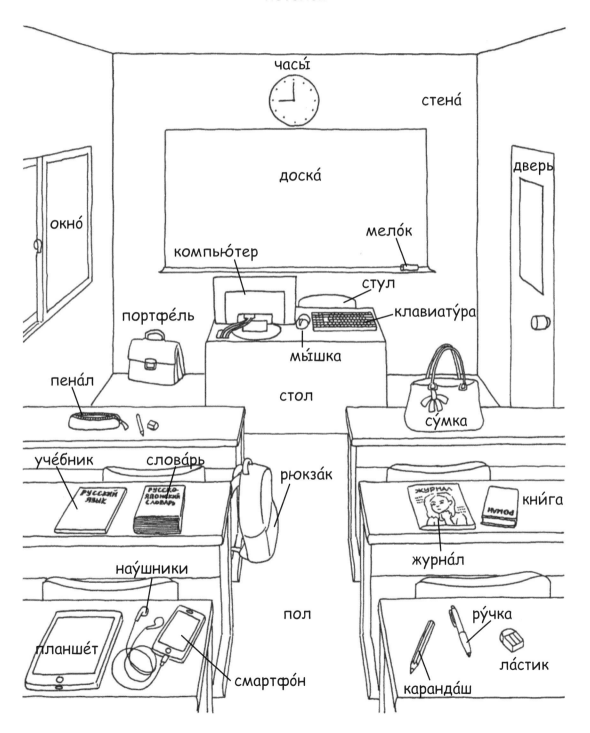

часы́

стена́

до́ска

дверь

окно́

мело́к

компью́тер

стул

клавиату́ра

портфе́ль

мы́шка

пена́л

стол

су́мка

уче́бник

слова́рь

рюкза́к

кни́га

журна́л

нау́шники

пол

ру́чка

планше́т

ла́стик

смартфо́н

каранда́ш

# Ко́мната

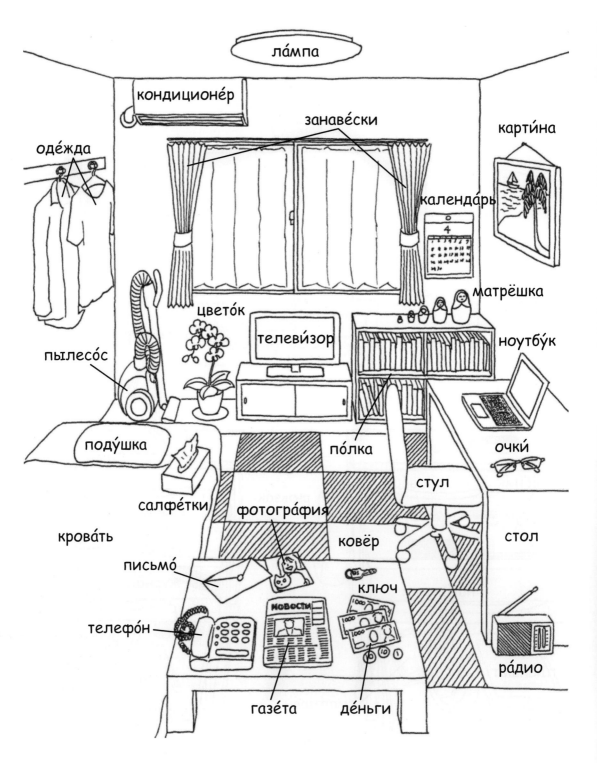

ла́мпа

кондиционе́р

занаве́ски

карти́на

оде́жда

календа́рь

матрёшка

пылесо́с

цвето́к

телеви́зор

ноутбу́к

подду́шка

по́лка

очки́

салфе́тки

стул

фотогра́фия

крова́ть

ковёр

стол

письмо́

ключ

телефо́н

ра́дио

газе́та

де́ньги

# Ку́хня

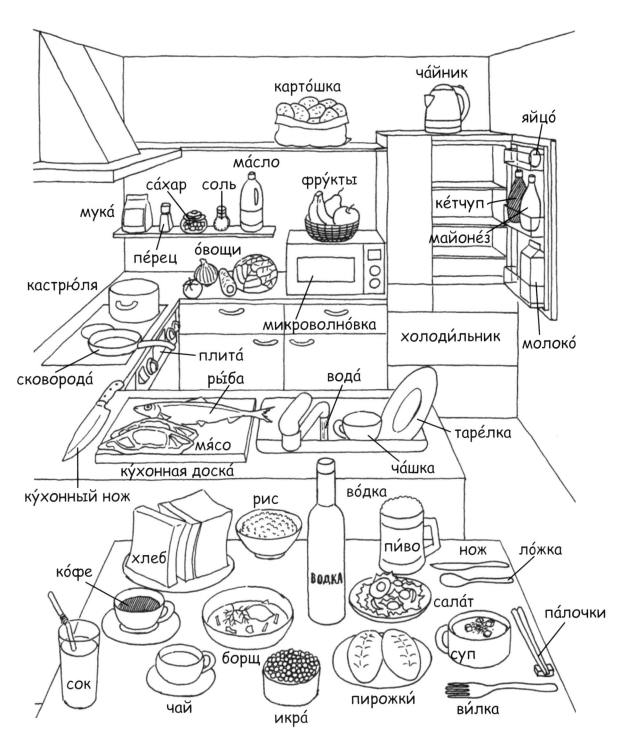

карто́шка

ча́йник

яйцо́

ма́сло

са́хар   соль

фру́кты

кетчуп

майоне́з

мука́

пе́рец   о́вощи

микроволно́вка

холоди́льник

молоко́

кастрю́ля

плита́

рыба

вода́

таре́лка

сковорода́

ча́шка

мя́со

ку́хонная доска́

во́дка

ку́хонный нож

рис

пи́во   нож   ло́жка

кофе   хлеб

сала́т

па́лочки

сок   борщ

суп

чай   икра́   пирожки́   ви́лка

# Семья́

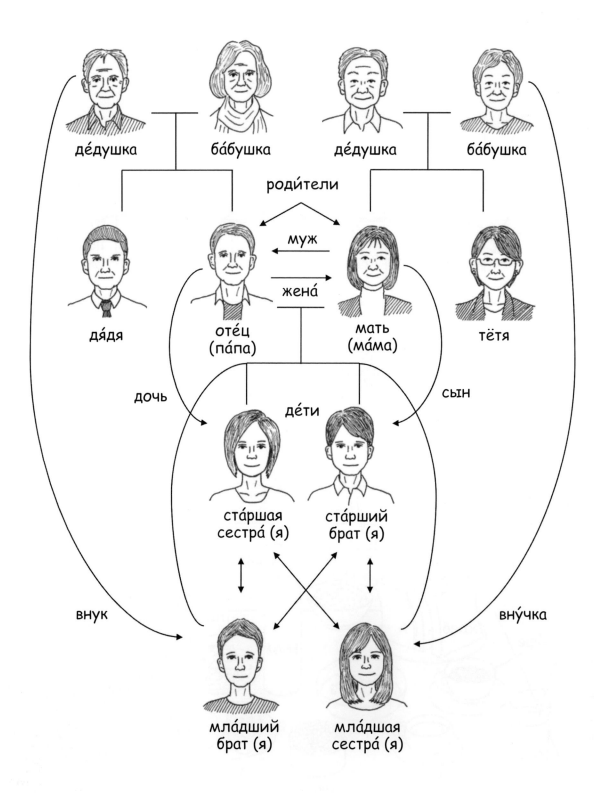

де́душка  ба́бушка  де́душка  ба́бушка

роди́тели

муж

жена́

дя́дя  оте́ц
(па́па)  мать
(ма́ма)  тётя

дочь  де́ти  сын

ста́ршая
сестра́ (я)  ста́рший
брат (я)

внук  внучка

мла́дший
брат (я)  мла́дшая
сестра́ (я)

# Мир русского языка

## путешествие для начинающих

# 文字と発音

ロシア語のアルファベットはキリル文字を用い、全部で 33 字ある。

▶ 音源を良く聴いて発音してみましょう。

## ① 3 ▶ 1 母音字とその発音

硬母音字 　а [a]　ы [ɨ]　у [u]　э [e]　о [o]

軟母音字 　я [ja]　и [i]　ю [ju]　е [je]　ё [jo]

＊基本母音は **а, ы, у, э, о, и** の 6 個。**я, ю, е, ё** は子音 [j] ＋母音 [a], [u], [e], [o]

## ① 4 ▶ 2 子音字とその発音

| 有声子音 | б | в | г | д | ж | з | | | | й | л | м | н | р |
|---|---|---|---|---|---|---|---|---|---|---|---|---|---|---|
| | [b] | [v] | [g] | [d] | [ʒ] | [z] | | | | [j] | [l] | [m] | [n] | [r] |
| 無声子音 | п | ф | к | т | ш | с | х | ц | ч | щ | | | | |
| | [p] | [f] | [k] | [t] | [ʃ] | [s] | [x] | [ts] | [tʃ'] | [ʃ'ʃ'] | | | | |

● ローマ字に形と発音が似ているもの：**к　м　т**

　　как（どのように）、кто（誰）、мы（私たち）、тут（ここ）、там（あそこ）

● ローマ字に形が似ているが発音が違うもの：**в　н　р　с　х**

　　вы（あなたたち）、нам（私たちに）、рука́（手）、сок（ジュース）、храм（寺院）

● ローマ字に発音が似ているが形が違うもの：**б　г　д　з　й　л　п　ф**

　　банк（銀行）、губа́（唇）、дом（家）、зонт（傘）、май（5月）、луна́（月）、план（計画）、
　　фру́кты（果物）

● 形も発音もローマ字に似ていないもの：**ж　ц　ч　ш　щ**

　　журна́л（雑誌）、цуна́ми（津波）、чай（茶）、шко́ла（学校）、борщ（ボルシチ）

## ① 5 ▶ 3 読み方のルール（1）：アクセント

▶ **アクセントのある母音ははっきり強く、アクセントのない母音は弱く短めに発音する。**

＊1 音節語にはふつうアクセントがあるためアクセント記号を付けない。

　　ма́ма（お母さん）、балала́йка（バラライカ）、сын（息子）

▶ **ё には常にアクセントがある。**

　　ёлка（エゾマツ）

▶ **アクセントのない о は а に近い音で発音する。**

　　окно́（窓）、Москва́（モスクワ）、молоко́（牛乳）

▶ **アクセントのない е と я は и に近い音で発音する。**

　　язы́к（言葉）、сестра́（姉）

**4    硬子音と軟子音**

▶ **j** の音色を伴う子音を軟子音、普通の（**j** の音色を伴わない）子音を硬子音と呼ぶ。

▶ 軟音記号 **ь** の付いた子音は軟子音を表す。

том (巻) − Томь (トミ川)、у́гол (角) − у́голь (石炭)

РАН (ロシア科学アカデミー) − рань (早朝)、го́рка (小山) − го́рько (苦い)

рус (亜麻色だ) − Русь (ルーシ)、быт (日常生活) − быть (〜である)

▶ 軟母音字 **я, и, ю, е, ё** の前の子音も軟子音として発音される（бя = бь + а　ню = нь + у）。

мать (母) − мять (つぶす)、мыл (洗った) − мил (愛しい)、лук (玉ねぎ) − люк (ハッチ)、

мэ́ры (市長ら) − ме́ры (諸策)、нос (鼻) − нёс (運んだ)

＊ ш, ж, ц は常に硬子音、ч, щ は常に軟子音。

ше́я [шэя] (首)、чай [чяй]

**5    硬音記号**

▶ 硬音記号 **ъ** は直前の子音字を後続する軟母音字 **я, и, ю, е, ё** と分けて発音させる。

обе́д (昼食) − объе́кт (対象)、пойдём (行こう) − подъём (上り坂)、

сел (座った) − съел (食べた)

＊軟音記号 **ь** も軟子音字の前で同じ役割を果たす。

се́мя (種) − семья́ (家族)、су́дя (判断して) − судья́ (裁判官)

**6    読み方のルール（2）：無声化と有声化**

▶ **ルール①：語末の有声子音字は、対応する無声子音として発音する。**

хле**б** (パン)、сне**г** (雪)、му**ж** (夫)、по́ез**д** (列車)、любо́**вь** (愛)、дож**дь** (雨)

▶ **ルール②：有声子音字＋無声子音の場合は、前者を対応する無声子音として発音する。**

за́**в**трак (朝食)、ло́**ж**ка (スプーン)、а**в**то́бус (バス)

▶ **ルール③：無声子音字＋有声子音の場合は、前者を対応する有声子音として発音する。**

фу**т**бо́л (サッカー)、во**к**за́л (駅)、про́**сь**ба (頼み事)

＊ **в** は例外的に直前の子音の有声化を引き起こさない。

**к**вас (クワス)、**с**вет (明かり)、**т**вой (君の)

＊ルール②と③は前置詞と名詞を一続きに発音する場合にも適用される。

и**з** па́рка (公園から)、**с** дру́гом (友達と)

**7    書き方のルール**

▶ **г, ж, к, х, ч, ш, щ** のあとには原則 **ы, ю, я** を書いてはならず、代わりに **и, у, а** を書く。

（正書法の規則）

подру́**ги** (女友達)、ма**ши**на (車)

## 登場人物紹介 　Действующие ли́ца

### Кэнтаро́ (Кэн) Хая́си
– студе́нт, изуча́ет ру́сский язы́к, мечта́ет написа́ть кни́гу про Росси́ю.

林 賢太郎（ケン）：
学生。ロシア語を勉強している。ロシアについての本を書くのが夢。

### Ю́кико (Ю́ки) Хая́си
– ста́ршая сестра́ Кэ́на, балери́на, прие́хала учи́ться в Росси́ю, хо́чет танцева́ть в Большо́м теа́тре.

林 雪子（ユキ）：
ケンの姉、バレリーナ。ロシアに留学に来ている。ボリショイ劇場で踊りたいと思っている。

### Михаи́л (Ми́ша) Барсуко́в
– студе́нт, изуча́ет япо́нский язы́к, лю́бит аниме́, мечта́ет побыва́ть в Япо́нии.

ミハイル（ミーシャ）・バルスコフ：
学生。日本語を勉強している。アニメが好きで、日本に行くのが夢。

### Мари́я (Ма́ша) Барсуко́ва
– мла́дшая сестра́ Ми́ши, шко́льница, лю́бит рисова́ть, мечта́ет стать диза́йнером.

マリヤ（マーシャ）・バルスコヴァ：
ミーシャの妹。高校生。絵を描くのが好きで、デザイナーになるのが夢。

### Дзюн Мо́ри
– друг Кэ́на, япо́нский журнали́ст, рабо́тает в Москве́, лю́бит ко́смос.

森潤：ケンの友達、日本人記者。モスクワで働いている。宇宙が好き。

### Алекса́ндр Ива́нович За́йцев
– преподава́тель ру́сского языка́ в университе́те.

アレクサンドル・イヴァーノヴィチ・ザイツェフ：
大学のロシア語教師。

### Еле́на Влади́мировна За́йцева
– жена́ Алекса́ндра Ива́новича, врач, лю́бит путеше́ствия.

エレーナ・ヴラジーミロヴナ・ザイツェヴァ：
アレクサンドル・イヴァーノヴィチの妻。医者。旅が好き。

### Татья́на Петро́вна Во́лкова
– ма́ма Еле́ны Влади́мировны, пенсионе́рка, о́чень вку́сно гото́вит.

タチヤナ・ペトローヴナ・ヴォルコヴァ：
エレーナ・ヴラジーミロヴナの母、年金受給者。とてもおいしい料理を作る。

# Знако́мство 知り合う

Здра́вствуйте! Меня́ зову́т Кэнтаро́ Хая́си. И́ли про́сто Кэн. Я япо́нец, студе́нт. О́чень прия́тно познако́миться!

Э́то мой друг Ми́ша. Он ру́сский. Он то́же студе́нт. А э́то моя́ сестра́ Ю́кико. Она́ япо́нка. Но она́ не студе́нтка. А кто? Она́ балери́на! Кру́то, пра́вда?

* знако́мство — 知り合うこと、交際
* зову́т — 動詞 звать（呼ぶ）の変化形。меня́ зову́т… 私の名前は…だ
* про́сто — 単に
* О́чень прия́тно познако́миться! — 知り合いになれてとても嬉しいです！（о́чень とても、прия́тно 嬉しい、познако́миться 知り合いになる）
* мой、моя́ — 私の（男性名詞が後ろに来る場合は мой、女性名詞が後ろに来る場合は моя́）
* Кру́то, пра́вда? — すごいでしょ、かっこいいでしょ？（口語）

 **слова́рь**

и́ли あるいは、я 私、япо́нец 日本人（男性）、студе́нт 学生（男性）、о́чень とても、э́то これ こちら、друг 友達（男性）、он 彼、ру́сский ロシア人（男性）、то́же 〜も、а それで じゃあ 一方、сестра́ 姉妹、она́ 彼女、япо́нка 日本人（女性）、но しかし、не（否定）、студе́нтка 学生（女性）、кто 誰、балери́на バレリーナ

会話 ①

*«Здра́вствуйте!»*

– Здра́вствуйте! Я Алекса́ндр Ива́нович. Я преподава́тель. А вы?
– Здра́вствуйте! Меня́ зову́т Ю́кико. Я балери́на. Óчень прия́тно!
– Óчень прия́тно. До свида́ния!

会話 ②

*«Приве́т!»*

– Приве́т, Ми́ша! Как дела́?
– Кэн, приве́т! Всё хорошо́. А ты как?
– Спаси́бо, норма́льно.
– Пока́!

\* всё — すべて
\* А ты как? — それで君はどう？

 **слова́рь**

преподава́тель 先生・教員（大学などの高等教育機関）、**вы** あなた（方）、**как** どう、**ты** 君

**1** ロシア語の挨拶

| | |
|---|---|
| ① 「こんにちは」／「やあ」 | Здра́вствуйте! / Приве́т! |
| ② 「お名前は？」「名前は？」 | Как вас зову́т? / Как тебя́ зову́т? |
| 　「私は〜といいます」 | — Меня́ зову́т… |
| ③ 「はじめまして」 | Óчень прия́тно. |
| 　「(お会いできて) うれしいです」 | Óчень рад. / Óчень ра́да. / Óчень ра́ды. |
| ④ 「ありがとう」 | Спаси́бо. |
| ⑤ 「どういたしまして」「どうぞ」 | Пожа́луйста. |
| ⑥ 「ご紹介しましょう」「紹介するね」 | Познако́мьтесь, пожа́луйста. / Познако́мься. |
| ⑦ 「調子はどうですか？」「元気ですか？」 | Как дела́? |
| ⑧ 「すばらしいです」「いいです」「普通です」「悪いです」 | |
| | Отли́чно. / Хорошо́. / Норма́льно. / Пло́хо. |
| ⑨ 「さようなら」／「じゃあね」 | До свида́ния! / Пока́! |

＊相手によって丁寧な呼びかけ (敬語)、親しい・対等な間柄の呼びかけを使い分ける表現もある。(①
　②⑥⑨)

＊話し手の性や数によって語末が変化する場合もある。(③⑥)

**2** Э́то мой друг.「**これは／こちらは**私の友人**です**。」

◆ Э́то уче́бник. Э́то ку́хня. 　　「これは教科書です。」「こちらは台所です。」
◆ Э́то Еле́на Влади́мировна. 　　「こちらはエレーナ・ヴラジーミロヴナです。」

＊「です」にあたる動詞は現在形ではふつう表されない。また冠詞はない。

**3** 職業、身分、国籍、名前

◆ Я студе́нт. Я студе́нтка. 　　「私は学生 (男性) です。」「私は学生 (女性) です。」
◆ Он япо́нец. Она́ япо́нка. 　　「彼は日本人 (男性) です。」「彼女は日本人 (女性) です。」
◆ Я Кэн. 　　「私の名前はケンです。」
◆ Ма́ма — учи́тель. 　　「お母さんは先生です。」

＊「А は Б だ」というとき、А も Б も同じ品詞ならば間に「—」(ダッシュ) を書くことが多い。

● 人称代名詞

|  |  | 単数 | 複数 |
|---|---|---|---|
| 1人称 |  | я | мы |
| 2人称 |  | ты | вы |
| 3人称 | 男性 | он | они́ |
|  | 女性 | она́ |  |
|  | 中性 | оно́ |  |

＊ ты（「君」）は家族・友達・恋人・子供など、親しい間柄の人に対して使う。一方、вы は、ты の複数形として使う（「君たち」）ほかに、相手が一人でも、初対面の人や目上の人に丁寧に言う場合（「あなた」）、その人たちが複数の場合（「あなた方」）にも使う。

＊手紙やメールなどでは敬称の вы「あなた」は大文字で Вы と表記される。

🎧 ①16 ▶ **4** ロシア人の名前

● 名・父称・姓：**Алекса́ндр Ива́нович За́йцев – Еле́на Влади́мировна За́йцева**

・丁寧に呼びかける場合： 名＋父称　**Алекса́ндр Ива́нович – Еле́на Влади́мировна**

・親しい間柄の場合：　　　名　　**Алекса́ндр**　　　 – **Еле́на**

・より親しい間柄の場合：愛称形　**Са́ша**　　　 – **Ле́на**

🎧 ①17 ▶ **5** 国名・民族名

|  | 国名 | 民族名 | | |
|---|---|---|---|---|
|  |  | 男性 | 女性 | 複数 |
| 日本 | Япо́ния | япо́нец | япо́нка | япо́нцы |
| ロシア | Росси́я | ру́сский | ру́сская | ру́сские |

☞ 他の、国名・民族名については付録（103頁）を参照。

🎧 ①18 ▶ **6** 日本語の固有名詞

＊長音は原則として表示しない。例：加藤 Като́、太郎 Таро́

＊促音の「っ」の場合、子音を重ねる。例：札幌 Са́пporo

＊撥音の「ん」の後に母音字が入る場合、硬音記号「ъ」を入れる。例：新一 Синъи́ти

＊その他は、原則として「日本語のキリル文字表記」（7頁）に従うが、昔からロシア語に定着している固有名詞の中には例外的な書き方もある。
例：東京 То́кио、京都 Кио́то、横浜 Йокога́ма

# упражнения 練 習 問 題

**1** 自分の名前をロシア語で書いてみましょう。

**2** 自分の出身地、または日本の好きな地名をロシア語で書いてみましょう。

**3** ペアを組んで、会話①を参考にロシア語で自己紹介をし、知り合いになりましょう。

**4** ペアを組んで、会話②を参考にロシア語で挨拶をしてみましょう。

**5** ペアを組んで、例を参考に、色々な国の人になったつもりで会話をしてみましょう。付録の「国名・民族名・①19
言語」の表（103頁）も参照してください。

例 :— Вы япо́нец?

— Да, я япо́нец. А вы япо́нка?

— Нет, я не япо́нка. Я ру́сская.

— О́чень прия́тно!

会話 ③

### «Кто э́то?»

– Приве́т! Я Ми́ша. Я студе́нт. А ты?

– Приве́т! Я Кэн, я то́же студе́нт. Я япо́нец. О́чень прия́тно!

– Здо́рово, о́чень рад! А кто э́то?

– Э́то Дзюн. Познако́мьтесь, пожа́луйста!

– О́чень прия́тно! Дзюн, ты то́же студе́нт?

– Нет, я не студе́нт. Я журнали́ст.

– Ух ты!

＊ здо́рово — すごい！いいね！（肯定的評価）（口語）

＊ Ух ты! — へぇ！わぉ！（驚きの表現）（口語）

会話 ④

### «Что э́то?»

– Кэн, что э́то?

– Э́то слова́рь.

– А э́то?

– Э́то тетра́дь.

– Где уче́бник?

– Вот он!

Вот он!

  **словарь**

нет いいえ、 журнали́ст ジャーナリスト、 что 何、 слова́рь 辞書、 тетра́дь ノート、 где どこ、 уче́бник 教科書、 вот ほら

## грамматика 文法

**1**  否定文

◆ Она́ не студе́нтка. 「彼女は学生ではない。」

＊否定したい語の前に не を置くと否定文になる。

**2**  疑問文

● 疑問詞のない疑問文

◆ — Он студе́нт? 「彼は学生ですか？」

     — Да, он студе́нт.               – 「はい、彼は学生です。」

     — Нет, он не студе́нт.          – 「いいえ、彼は学生ではありません。」

     — Нет, он журнали́ст.          – 「いいえ、彼はジャーナリストです。」

     — Нет, он не студе́нт, а журнали́ст.    – 「いいえ、彼は学生ではなく、ジャーナリストです。」

◆ — Э́то уче́бник? 「これは教科書ですか？」

     — Да, э́то уче́бник.              – 「はい、これは教科書です。」

     — Нет, э́то не уче́бник.        – 「いいえ、これは教科書ではありません。」

     — Нет, э́то тетра́дь.          – 「いいえ、これはノートです。」

     — Нет, э́то не уче́бник, а тетра́дь.    – 「いいえ、これは教科書ではなく、ノートです。」

● 疑問詞を用いた疑問文

◆ — Что э́то? — Э́то тетра́дь.     「これは何ですか？」 – 「これはノートです。」

◆ — Кто э́то? — Э́то Дзюн.       「こちらは誰ですか？」 – 「こちらは潤です。」

◆ — Кто он? — Он журнали́ст.     「彼は何をしていますか？」 – 「彼はジャーナリストです。」

＊ кто? は、「誰か？」を聞く場合と、職業や身分を聞く場合がある。

◆ — Где уче́бник? — Вот он.       「教科書はどこですか？」 – 「ほら、ここです。」

**3**  イントネーション

● 平叙文            Он япо́нец.    「彼は日本人です。」

● 疑問詞のない疑問文    Она́ япо́нка? 「彼女は日本人ですか？」

● 疑問詞のある疑問文    Что э́то?     「これは何ですか？」

● 接続詞 а を用いた疑問文   А э́то?      「じゃあ、これは何ですか？」

### 4 名詞の性

▶▶ **ロシア語の名詞は、語末の文字によって男性・女性・中性に区別される。**

|  | 辞書形 |  | 語末 | 対応する代名詞 |
|---|---|---|---|---|
| 男性名詞 | телефóн | 電話 | - 子音 |  |
|  | музéй | 博物館 | -й | он |
|  | парóль | パスワード | -ь |  |
| 女性名詞 | шкóла | 学校 | -а |  |
|  | недéля | 週 | -я | онá |
|  | тетрáдь | ノート | -ь |  |
| 中性名詞 | слóво | 言葉 | -о |  |
|  | мóре | 海 | -е | онó |
|  | и́мя | 名前 | -мя |  |

＊ -а, -я で終わる単語でも、意味的に男性を指すもの（男性の名前も含む）は男性名詞。

　　例：пáпа お父さん、дя́дя 叔父、дéдушка おじいさん、мужчи́на 男性、Ми́ша ミーシャ（名前）

＊男性名詞は он, 女性名詞は онá, 中性名詞は онó で受ける。

＊ペットの場合、собáка（犬）が女性名詞であっても、家族同様に扱う場合は実際の性別に合わせて он や онá で受ける。

＊ -ь で終わる単語は男性・女性のどちらに属するか、個別に覚える。

　　男性名詞：словáрь、день 日、гость 客、дождь 雨　など
　　女性名詞：ночь 夜、дочь 娘、óсень 秋　など

### 5 接続詞

◆ Э́то учéбник и словáрь.　　　　　「これは教科書と辞書です。」

◆ Мáма врач, а пáпа учи́тель.　　　「お母さんは医者で、お父さんは教師です。」

◆ Он учи́тель и́ли журнали́ст?　　　「彼は教師ですか、それともジャーナリストですか？」

◆ Он спортсмéн, но не чемпиóн.　　「彼はスポーツマンですが、チャンピオンではありません。」

＊ и は「並列」、а は「対比」、и́ли は「選択」、но は「対立」を表す。

## упражнения 練 習 問 題

**1** 次の名詞の性と意味を調べてください。

| | | | |
|---|---|---|---|
| маши́на | ру́чка | каранда́ш | вре́мя |
| стол | упражне́ние | кни́га | подру́га |
| пло́щадь | парк | ста́нция | письмо́ |
| ле́кция | му́зыка | пти́ца | университе́т |
| аудито́рия | авто́бус | трамва́й | окно́ |

**2** 人称代名詞 он, она́, оно́ を使って、次の質問に答えましょう。

例1 : — Где телефо́н? — Вот **он**.

例2 : — Э́то кни́га? — Да, э́то **она́**.

1) — Где музе́й? — Вот … .

2) — Э́то упражне́ние? — Нет, э́то не … .

3) — Где остано́вка? — Вот … .

4) — Э́то мо́ре? — Да, э́то … .

**3** 3 人組で会話③を参考にしてロシア語で自己紹介をしあいましょう。

**4** ペアを組んで、会話④とロシア語単語イラスト②③を参考に、身の回りにある物の名前や、それがどこに
あるかをロシア語で尋ね合ってみましょう。

# Мой мир 私の世界

Я Ми́ша, э́то мой дом. Э́то на́ше окно́. Вот мой па́па. Э́то его́ кра́сная маши́на. Вот моя́ ма́ма, а э́то её но́вый журна́л. Э́то моя́ сестра́ Ма́ша. Она́ ещё шко́льница. Э́то на́ша соба́ка Тото́шка. Он о́чень хоро́ший. Они́ все моя́ семья́.

Э́то моя́ ма́ленькая ко́мната. Вот мой дива́н, а вот стол. Э́то моя́ люби́мая кни́га. Я изуча́ю япо́нский язы́к, но пока́ пло́хо говорю́ по-япо́нски. О́чень жаль!

Э́то мой друг Кэн. Он япо́нский сту́дент. Кэн бы́стро чита́ет по-ру́сски, но говори́т ме́дленно. Э́то его́ сестра́ Ю́кико, и́ли Ю́ки. Ю́ки балери́на. Она́ о́чень краси́вая. Мы все хоро́шие друзья́.

Э́то всё мой мир. А како́й твой мир?

\* жаль … 残念

 単 語 帳 **словарь**

мой 私の、 мир 世界、 дом 家、 наш 私たちの、 окно́ 窓、 его́ 彼の、 кра́сный 赤い、
маши́на 車、 её 彼女の、 но́вый 新しい、 журна́л 雑誌、 ещё まだ、 шко́льница 生徒（女性）、
соба́ка 犬、 хоро́ший 良い、 весь すべての、 семья́ 家族、 ма́ленький 小さい、
ко́мната 部屋、 дива́н ソファ、 стол 机、 люби́мый 大好きな お気に入りの、 кни́га 本、
изуча́ть 勉強する 研究する、 япо́нский 日本の、 язы́к 言語、 пока́ 今のところ、 пло́хо 下手に
悪く、 говори́ть 話す、 по-япо́нски 日本語で、 бы́стро 速く、 чита́ть 読む、 по-ру́сски
ロシア語で、 ме́дленно ゆっくりと、 краси́вый 美しい、 како́й どんな、 твой 君の

会話 ①

### «Какие ру́чки?»

– Ми́ша, каки́е э́то ру́чки?

– Э́то кра́сная ру́чка, а э́то чёрная. Э́то кита́йские ру́чки. Они́ все но́вые.

会話 ②

### «Чей э́то слова́рь?»

– Алекса́ндр Ива́нович! Извини́те, чей э́тот но́вый слова́рь? Ваш?

– Нет, не мой. Ю́кико, э́то твой слова́рь?

– Э́тот слова́рь? Да, мой. А что?

– Мо́жно?

– Да, пожа́луйста! / Нет, нельзя́!

＊ извини́те — すみません（話しかける場合にも謝罪の場合にも用いる）。
　親しい対等の間柄の場合、извини́「ごめん」。動詞 извини́ть（許す）の命令形。

＊ А что? — どうして？ 何？

＊ Мо́жно? — いい？（許可を求める）

＊ пожа́луйста — どうぞ

＊ нельзя́ — ダメです

Пожалуйста!　Нельзя!

   **слова́рь**

ру́чка ペン、чёрный 黒い、кита́йский 中国の、чей 誰の、э́тот この、ваш あなた（方）の

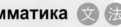

**2 | A**

### ▶ 1　名詞の複数形

|  | 単数形 | 複数形 | 代名詞 |
|---|---|---|---|
| 男性 | телефóн<br>музéй<br>парóль | телефóны*¹<br>музéи<br>парóли | они́ |
| 女性 | шкóла<br>недéля<br>тетрáдь | шкóлы*²<br>недéли<br>тетрáди | |
| 中性 | слóво<br>мóре<br>и́мя | словá<br>моря́<br>именá | |

☞ *¹ *² 正書法の規則により、и になる場合もある。（正書法の規則は 15 頁参照。）

＊特殊な複数形となるもの：

　例：человéк 人 → лю́ди、ребёнок 子 → дéти、друг → друзья́、брат 兄弟 → брáтья、
　　　гóрод 街 → городá、мать 母 → мáтери

＊複数形で用いるもの：очки́ 眼鏡、часы́ 時計、дéньги お金

＊単複同形（不変化名詞）：кинó 映画、метрó 地下鉄

＊複数形にならないもの（不可算名詞）：мýзыка 音楽

### ▶ 2　какóй「どんな？」— нóвый「新しい」（形容詞）

◆ — Какáя э́то рýчка?　— Э́то крáсная рýчка.

　　「これはどんなペンですか？」－「これは赤いペンです。」

▶ 形容詞は関係する名詞の性と数に合わせて変化する。

| 変化の型 | 意味 | 男性 | 女性 | 中性 | 複数 |
|---|---|---|---|---|---|
| 硬変化型 | 新しい | нóвый | нóвая | нóвое | нóвые |
| | 若い | молодóй | молодáя | молодóе | молоды́е |
| 軟変化型 | 家 (дом) の | домáшний | домáшняя | домáшнее | домáшние |
| 例： | | нóвый<br>мир | нóвая<br>кни́га | домáшнее<br>задáние | молоды́е<br>лю́ди |

正書法の規則で２つの変化型が混ざって見えるものもある。

| どんな | какóй | какáя | какóе | каки́е |
|---|---|---|---|---|
| 良い | хорóший | хорóшая | хорóшее | хорóшие |

＊形容詞：нóвый 新しい ⇔ стáрый 古い、хорóший 良い ⇔ плохóй 悪い、
　　　　 большóй 大きい ⇔ мáленький 小さい、интерéсный 面白い ⇔ скýчный つまらない

＊形容詞は名詞を形容する場合（限定用法）と述語になる場合（叙述用法）がある。

Э́то интере́сная кни́га.（限定用法）「これは面白い本だ。」

Э́та кни́га интере́сная.（叙述用法）「この本は面白い。」

＊ како́й は疑問文だけでなく感嘆文でも使われる。（イントネーションに注意！）

Како́й молоде́ц!「なんて立派なんだ！」（молоде́ц はもともと「立派な若者」の意味。）

---

### ① 33 ▶ 3 весь「すべての」、э́тот「この」

| | 男性 | 女性 | 中性 | 複数 |
|---|---|---|---|---|
| すべての | весь | вся́ | всё[*1] | все́[*2] |
| | весь мир 全世界 | вся́ семья́ 家族全員 | всё мо́ре 海全体 | все лю́ди 全ての人 |
| この | э́тот | э́та | э́то[*3] | э́ти |
| | э́тот мир この世界 | э́та семья́ この家族 | э́то мо́ре この海 | э́ти лю́ди この人々 |

＊ [*1] всё は「すべてのこと」、[*2] все は「全員」という意味でも使われる。

＊ [*3] э́тот の中性形 э́то と「これは〜」を意味する э́то ... とを区別すること。

---

### ① 34 ▶ 4 чей「誰の？」— мой「私の」（所有代名詞）

◆ — Чей это каранда́ш? Ваш? — Нет, не мой.

「これは誰の鉛筆ですか？ あなたの？」－「いいえ、わたしのではありません。」

▶▶ 所有疑問詞 чей、所有代名詞は関係する名詞の性数に合わせて変化する。

| | **кто?** | я | ты | он | она́ | оно́ | мы | вы | они́ |
|---|---|---|---|---|---|---|---|---|---|
| 男性 | **чей?** | мой | твой | его́ [иво́] | её | его́ [иво́] | наш | ваш | их |
| 女性 | **чья?** | моя́ | твоя́ | | | | на́ша | ва́ша | |
| 中性 | **чьё?** | моё | твоё | | | | на́ше | ва́ше | |
| 複数 | **чьи?** | мои́ | твои́ | | | | на́ши | ва́ши | |

упражнения 練 習 問 題

**1** 次の名詞を複数形にしてください。アクセントの位置が変わる単語に注意しましょう。

журна́л   учеёбник   окно́   маши́на   стол   кни́га   ру́чка   студе́нт   де́душка

**2** 名詞の性を考え、形容詞の語尾を変化させてください。

большо́й… окно́          ста́рый… маши́на          хоро́ший… друг
ру́сский… уче́бник        тру́дный… упражне́ние      молодо́й… балери́на
кра́сный… карандаши́      япо́нский… карти́на         моби́льный… телефо́н

**3** 名詞の性を考え、所有代名詞を正しく変化させ、文を完成させてください。また、全文を和訳してください。

例 : Э́то … кни́га.  →  Э́то **моя́** кни́га.

А) мой, моя́, моё, мои́
　　1) Э́то … ру́чка.　　　2) Э́то … каранда́ш.
　　3) Э́то … столы́.　　　4) Э́то … упражне́ние.

Б) твой, твоя́, твоё, твои́
　　1) Э́то … дом.　　　　2) Э́то … ба́бушка.
　　3) Э́то … сло́во.　　　4) Э́то … друзья́.

В) наш, на́ша, на́ше, на́ши
　　1) Э́то … университе́т.　2) Э́то … ко́мнаты.
　　3) Э́то … мо́ре.　　　　4) Э́то … рабо́та.

Г) ваш, ва́ша, ва́ше, ва́ши
　　1) Э́то … журна́лы.　　2) Э́то … семья́.
　　3) Э́то … окно́.　　　　4) Э́то … преподава́тель.

**4** 名詞の性を考えて所有代名詞を補い、質問に肯定文と否定文で答え、全文を和訳してください。

例 : — Э́то **твой** стол?  — Да, э́то **мой** стол. / — Нет, э́то не **мой** стол.

1) Э́то  …  ко́мната?
2) Э́то  …  уче́бник?
3) Э́то  …  и́мя?
4) Э́то  …  семья́?
5) Э́то  …  де́душка?
6) Э́то  …  сестра́?

**5** ロシア語単語イラスト①〜④や身の回りの物を見ながら、それがどんなものか、あるいは誰のものか尋ねてみましょう。

例1 : — Э́то кака́я маши́на?  — Э́то но́вая маши́на.
例2 : — Э́то твой телефо́н?  — Нет, э́то не мой телефо́н. Э́то её телефо́н.

会話 ③

*«Что ты де́лаешь?»*

– Ма́ша, приве́т! Что ты обы́чно де́лаешь ве́чером?

– Приве́т, Кэн! Я чита́ю кни́ги. Иногда́ смотрю́ телеви́зор. А ты?

– Я де́лаю дома́шнее зада́ние. А пото́м слу́шаю му́зыку.

– Поня́тно.

＊ поня́тно — わかった、なるほど

会話 ④

*«Ты хорошо́ говори́шь по-ру́сски?»*

– Приве́т, Ю́ки! Ты хорошо́ говори́шь по-ру́сски?

– Приве́т! Я ме́дленно говорю́ по-ру́сски.

   Я пока́ ещё изуча́ю ру́сский язы́к. Но уже́ непло́хо чита́ю.

– Кста́ти, ты зна́ешь журнали́ста Дзю́на?

   Он говори́т по-кита́йски и по-неме́цки о́чень хорошо́.

– Како́й молоде́ц!

 **слова́рь**

обы́чно 普段 普通、 де́лать する 作る、 ве́чером 夕方に、 иногда́ 時々、 смотре́ть 見る、

телеви́зор テレビ、 дома́шнее зада́ние 宿題、 пото́м 後で、 слу́шать 聞く、

ру́сский ロシアの、 уже́ もう すでに、 непло́хо 多少 悪くなく、 кста́ти ところで、

знать 知っている、 по-кита́йски 中国語で、 по-неме́цки ドイツ語で

## грамматика 文 法

### ▶ 1 Я чита́ю.「読書をする、している」(動詞の人称変化)

|  | 第1変化 | 第2変化 |
|---|---|---|
| 不定形 | чита́ть | говори́ть |
| я | чита́ю | говорю́ |
| ты | чита́ешь | говори́шь |
| он /она́ /оно́ | чита́ет | говори́т |
| мы | чита́ем | говори́м |
| вы | чита́ете | говори́те |
| они́ | чита́ют | говоря́т |

＊第1変化は不定形から -ть を取り除いて人称語尾（青字部分）を付ける。

＊第2変化は不定形から -ть と直前の母音字を取り除いて人称語尾（青字部分）を付ける。

＊動詞の変化しない部分を語幹という。

・第1変化の動詞：изуча́ть、де́лать、слу́шать、знать
・第2変化の動詞：смотре́ть

### ▶ 2 Я слу́шаю му́зыку.「音楽を聴いている」(名詞の単数対格)

◆ — Что вы обы́чно де́лаете ве́чером? — Я смотрю́ телеви́зор.

「あなたは普段、夕方に何をしていますか？」—「私はテレビを見ています。」

▶▶ ロシア語の名詞には、6つの格がある。

主語の役割を果たす主格のほか、生格、与格、対格、造格、前置格。
文のなかで名詞が果たす役割にしたがって、格が変化する。

▶▶ 対格：直接目的語（〜を）を表す格

| | | 単数主格 | 単数対格 |
|---|---|---|---|
| 男性 | 人や動物以外<br>（不活動体） | телефо́н<br>музе́й<br>паро́ль | телефо́н<br>музе́й<br>паро́ль |
| | 人や動物<br>（活動体） | студе́нт<br>писа́тель 作家<br>геро́й　英雄 | студе́нта<br>писа́теля<br>геро́я |
| 女性 | | шко́ла<br>неде́ля<br>тетра́дь | шко́лу<br>неде́лю<br>тетра́дь |
| 中性 | | окно́<br>мо́ре<br>и́мя | окно́<br>мо́ре<br>и́мя |

＊語末に変化が起こるもの：男性名詞活動体と -а、-я で終わる女性名詞
＊形容詞と所有代名詞も名詞に合わせて格変化する。（付録 97、98 頁を参照。）

**3** говори́ть по-ру́сски「ロシア語で話す」、
изуча́ть ру́сский язы́к「ロシア語を勉強している」

◆ — Вы говори́те по-англи́йски? — Да, говорю́. / — Нет, не говорю́.
「あなたは英語を話しますか?」—「はい、話します。」／「いいえ、話しません。」

◆ Я изуча́ю ру́сский язы́к. 「私はロシア語を勉強しています。」（この形容詞 ру́сский も対格形）

~語で読む／話す
чита́ть ┐
говори́ть ┘→ по-ру́сски
по-англи́йски

~語を勉強している、知っている
изуча́ть ┐
знать ┘→ ру́сский язы́к
англи́йский язы́к

**4** как「どのように?」— хорошо́「うまく」（副詞）

◆ — **Как** он чита́ет по-ру́сски? — Он **бы́стро** чита́ет по-ру́сски.
「彼はどんなふうにロシア語を読みますか?」—「彼は速くロシア語を読みます。」

◆ — **Как** она́ говори́т по-япо́нски? — Она́ **отли́чно** говори́т.
「彼女はどんな風に日本語を話しますか?」—「彼女は非常にうまく話します。」

☞ よく用いられる副詞
отли́чно すばらしく / хорошо́ うまく / немно́го 多少 / пло́хо 下手に
бы́стро 速く ⇔ ме́дленно ゆっくりと
гро́мко 大声で ⇔ ти́хо 小さな声で
пра́вильно 正確に ⇔ непра́вильно 不正確に
ещё まだ ⇔ уже́ もう すでに　пока́ 今のところは
снача́ла はじめは ⇔ пото́м 後で
то́же ～も
о́чень とても ⇔ не о́чень あまり それほど～ない

# упражнения 練 習 問 題

**1** 括弧内の動詞を主語の数と人称に合わせて現在形にし、全文を和訳してください。

例：Я (слу́шать) ра́дио. → **Я слу́шаю** ра́дио.

1) Мы (чита́ть) газе́ту.

2) Она́ (знать) англи́йский язы́к.

3) Вы (изуча́ть) культу́ру.

4) Ты (говори́ть) хорошо́.

5) Я (чита́ть) по-ру́сски.

6) Они́ (слу́шать) му́зыку.

7) О́льга (де́лать) дома́шнее зада́ние.

8) Кэн и Юки (смотре́ть) телеви́зор.

**2** 括弧内の名詞を対格にし、全文を和訳してください。

例：Мы слу́шаем (профе́ссор). → Мы слу́шаем **профе́ссора**.

1) Ты говори́шь (пра́вда).

2) Они́ зна́ют (Ви́ктор).

3) Я изуча́ю (Росси́я).

4) Вы зна́ете (дя́дя Ва́ня).

5) Ната́лья чита́ет (кни́га).

6) Ма́ша де́лает (упражне́ние).

7) Он слу́шает (писа́тель).

8) Мы смо́трим (кино́)

**3** ペアを組んで、会話③を参考に、家で（до́ма）ふだん（обы́чно）何をしているか、お互いに聞いてみ ①42 ましょう。

例：— Что ты обы́чно де́лаешь до́ма? — Я слу́шаю му́зыку.

**4** ペアを組んで、会話④を参考に、どんな外国語が話せるか、どれほど外国語が話せるか、お互いに聞いて ①43 みましょう。付録の「国名・民族名・言語」の表（103 頁）も参照してください。

例1：— Ты говори́шь по-ру́сски? — Да, говорю́. / Нет, не говорю́.

　　　— Как ты чита́ешь по-ру́сски? — Хорошо́.

例2：— Како́й язы́к ты изуча́ешь? — Я изуча́ю кита́йский язы́к.

　　　— Как ты чита́ешь по-кита́йски? — Пока́ ещё не о́чень.

# Профе́ссия 職業

Меня́ зову́т Алекса́ндр Ива́нович За́йцев. Я рабо́таю в университе́те, изуча́ю ру́сскую литерату́ру. Ра́ньше я учи́лся в Аме́рике. Пото́м был на стажиро́вке в Япо́нии, на Хокка́йдо. Сейча́с живу́ в Росси́и, в Москве́. Вот моя́ жена́, Еле́на Влади́мировна. Я о́чень люблю́ её. Она́ врач. Она́ зна́ет англи́йский язы́к и немно́го говори́т по-неме́цки. А вот её ма́ма, Татья́на Петро́вна Во́лкова. Она́ ра́ньше жила́ на Ура́ле и рабо́тала в шко́ле. Сейча́с она́ пенсионе́рка, живёт на да́че. Она́ стро́гая, но справедли́вая. Как настоя́щая учи́тельница!

Э́то мой студе́нт Кэнтаро́. Он живёт в общежи́тии в Москве́. Он почти́ ка́ждый день занима́ется в библиоте́ке. Э́то Ю́кико, его́ ста́ршая сестра́. Она́ балери́на. Она́ ра́ньше жила́ в Кио́то, а тепе́рь у́чится в Москве́.

А где рабо́тают ва́ши друзья́ и роди́тели?

---

* на стажиро́вке — стажиро́вка (研修、留学) に

* Ура́л — ウラル地方

* пенсионе́рка — (女性の) 年金受給者。男性形は пенсионе́р、пе́нсия は年金。

* на да́че — да́ча (ダーチャ、郊外の小さな別荘) で

* как... — …のように、として

* в общежи́тии — общежи́тие (寮) に

 **словарь**

рабо́тать 働く、университе́т 大学、литерату́ра 文学、ра́ньше 以前、учи́ться 勉強する 教わる、Аме́рика アメリカ、сейча́с 今、жить 住む、Москва́ モスクワ、жена́ 妻、люби́ть 好きだ 愛する、врач 医者、англи́йский イギリスの、шко́ла 学校、стро́гий 厳しい、справедли́вый 正しい 公正だ、настоя́щий 真の、учи́тельница 先生 (女性)、почти́ ほとんど、ка́ждый 毎〜、занима́ться 勉強する 仕事する 練習する 作業する (何かに従事する)、библиоте́ка 図書館、ста́рший 年上の、тепе́рь 今は、роди́тели 両親

会話 ①

*«Где ты вчера́ был?»*

– Приве́т, Кэн! Где ты вчера́ был?

– Приве́т, Маша! Я весь день был в университе́те. А ты?

– Я у́тром была́ в библиоте́ке, а ве́чером в кинотеа́тре.

– Пра́вда? Ю́кико то́же вчера́ была́ в кинотеа́тре.

\* Пра́вда? — 本当？ まさか？

会話 ②

*«Где вы ра́ньше жи́ли?»*

– Татья́на Петро́вна, вы ра́ньше жи́ли на Ура́ле?

– Да, снача́ла я рабо́тала в дере́вне, а пото́м в Екатеринбу́рге.
  А вы, Дзюн, где жи́ли?

– Я рабо́тал в Кио́то, пото́м жил в То́кио.
  А тепе́рь в Москве́. Как и вы!

\* Екатеринбу́рг — エカテリンブルク

\* Как и вы! — あなたと同じように！

**словарь**

вчера́ 昨日、у́тром 朝に、кинотеа́тр 映画館、дере́вня 田舎 村

**1** 時間と場所を表す副詞

● 時間を表す副詞

вчера́ 昨日 / сего́дня 今日 / за́втра 明日

ра́ньше 前に / сейча́с/тепе́рь 今 / пото́м 後で

 **сейча́с と тепе́рь**

тепе́рь は過去との対比を含意し、「今や」「現在では」の意味で用いることが多い。сейча́с は単に「今」。

● 一日の時間帯

|   | 名詞 | 副詞（〜に） | 〜中ずっと | 毎（каждый）〜 |
|---|------|------------|-----------|----------------|
| 朝 | у́тро | у́тром | всё у́тро | ка́ждое у́тро |
| 昼（日中） | день | днём | весь день | ка́ждый день（毎日） |
| 夕方 | ве́чер | ве́чером | весь ве́чер | ка́ждый ве́чер |
| 夜 | ночь | но́чью | всю ночь | ка́ждую ночь |

● 場所を表す副詞

здесь ここに‐ там あそこに そこに、сле́ва 左に‐ спра́ва 右に

ря́дом 隣に、до́ма 家に 家で

**2** Я жил(а́). 「住んでいた」（動詞の過去形）

◆ Я ра́ньше жил(а́) здесь и рабо́тал(а) там. 「私は以前ここに住み、あそこで働いていた。」

◆ Я был(а́) там. 「私はそこにいた。」

▶ 動詞の過去形は、主語の性と数に合わせて変化する。

|   | жить | рабо́тать | быть |
|---|------|-----------|------|
| 男性 | жи́л | рабо́тал | был |
| 女性 | жила́ | рабо́тала | была́ |
| 中性 | жи́ло | рабо́тало | бы́ло |
| 複数 | жи́ли | рабо́тали | бы́ли |

＊ быть はふつう現在時制では省略されるが、過去時制・未来時制では必要となる。

＊ быть は否定の際のアクセントに注意：

не́ был, не была́, не́ было, не́ были

### 3 в шко́ле 「学校で」（前置格：場所の表現）

◆ Вчера́ я был(а́) в университе́те. 「昨日私は大学にいた。」

▶ 前置格：特定の前置詞を伴ってあらわれる格

| | 単数主格 | 単数前置格 |
|---|---|---|
| 男性 | университе́т | университе́те |
| | слова́рь | словаре́ |
| | музе́й | музе́е |
| 女性 | шко́ла | шко́ле |
| | дере́вня | дере́вне |
| 中性 | о́зеро 湖 | о́зере |
| | мо́ре | мо́ре |

＊ в/на + 前置格 ：〜で、〜に

＊ на を使う名詞：広い場所、山・島、催し物、授業・仕事など

例：у́лица 通り、по́чта 郵便局、заво́д 工場、вокза́л（大きな）駅、ста́нция 駅、
остано́вка バス停、конце́рт コンサート、уро́к 授業、рабо́та 仕事、
стажиро́вка 研修

☞ もともと в + 前置格 は「〜のなかで」、на + 前置格 は「〜の上で」の意味。

＊ в は主に в/ф ＋子音で始まる語の前で во になる。

例：во Владивосто́ке, во Фра́нции

＊ 主格が -ий（男性）、-ия（女性）、-ие（中性）、-ь（女性）で終わる名詞は、語尾 -и をとる。

例：в коммента́рии（коммента́рий 解説）、в Япо́нии、в упражне́нии、в тетра́ди

＊ 例外：男性名詞の中には語尾が ý になるものがある。

例：в саду́（сад 庭）、в лесу́（лес 森）、в году́（год 年）、в аэропорту́（аэропо́рт 空港）

＊ 複数前置格の語尾は -ах か -ях になる：в университе́тах, в деревня́х

日本の地名のうち、То́кио、Кио́то、Хокка́йдо など多くのものは格変化しない。
一方、О́сака、Йокога́ма のように -а で終わる地名や、Мурора́н や Юфуи́н
など -н で終わる地名は格変化する。
例：в То́кио, на Хокка́йдо, в О́саке, в Юфуи́не

# упражнения 練 習 問 題

**1** 名詞と代名詞に合わせて動詞の過去形を正しい形で入れて下さい。また、全文を和訳してください。

例 : Ма́ма (быть) до́ма. → Ма́ма **была́** до́ма.

1) Студе́нты (чита́ть) уче́бник.

2) Моя́ подру́га (рабо́тать) в Росси́и.

3) Где вы (быть)?

4) Мы (смотре́ть) кино́.

5) Я (жить) в общежи́тии.

6) Па́па (говори́ть) по-неме́цки.

7) Де́душка (слу́шать) ра́дио.

**2** 正しい前置詞を選び、括弧内の単語を前置格にして下さい。また、全文を和訳してください。

例 : Он был в/на (университе́т) → Он был ( в )/на **университе́те**

1) Я жил в/на (О́сака) и рабо́тал в/на (заво́д).

2) Вчера́ па́па смотре́л футбо́л в/на (стадио́н), а ма́ма чита́ла кни́гу в/на (библиоте́ка).

3) Ве́чером вы бы́ли в/на (кинотеа́тр)? – Нет, ве́чером мы бы́ли в/на (общежи́тие).

4) Мои́ друзья́ бы́ли в/на (конце́рт) в/на (То́кио).

5) Она́ изуча́ла ру́сский язы́к в/на (шко́ла) в/на (Сахали́н).

**3** ペアを組んで、ロシア語単語イラスト②③④を見ながらどこに何があるか尋ね合ってみましょう。

例 : — Где ноутбу́к? — Ноутбу́к на столе́.

**3**
**Б**

会話 ③

*«Что вы лю́бите?» «Кого́ ты лю́бишь?»*

– Алекса́ндр Ива́нович, что вы лю́бите?
– Я люблю́ мою́ рабо́ту. Ещё я о́чень люблю́ мою́ жену́.
  Она́ меня́ то́же лю́бит. Наде́юсь! А кого́ ты лю́бишь, Кэн?
– Я люблю́ ма́му, па́пу и сестру́ Ю́кико. Ми́ша то́же её лю́бит.
  Я так ду́маю.
– Пра́вда?

* мою́ рабо́ту, мою́ жену́ — моя́ рабо́та, моя́ жена́ の対格
  （付録98頁を参照。）
* наде́юсь — наде́яться 期待する、望む
* так — そう、そのように

会話 ④

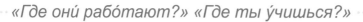

*«Где они́ рабо́тают?» «Где ты у́чишься?»*

– Ми́ша, где рабо́тают твои́ роди́тели?
– Ма́ма домохозя́йка, а па́па рабо́тает в компа́нии.
  Он сейча́с живёт в друго́м го́роде.
– А где ты у́чишься?
– Я учу́сь в университе́те, учу́ япо́нский язы́к.
  А Ма́ша пока́ у́чится в шко́ле. Она́ занима́ется ка́ждый день.
  Сего́дня пи́шет сочине́ние.
– Кака́я у́мница!

* друго́м го́роде... — друго́й го́род の前置格
* у́мница — 賢い子、よくできた子！、お利口さん（口語）
  — Кака́я у́мница!　なんてよくできた子なの！

 **СЛОВАРЬ**

ду́мать 考える、домохозя́йка 主婦、компа́ния 会社、друго́й 別の、го́род 都市、
учи́ть 教える 覚える、писа́ть 書く、сочине́ние 作文

**1 жить、писа́ть、люби́ть の人称変化**

| 不定形 | жить | писа́ть | люби́ть |
|---|---|---|---|
| 変化の型 | 特殊な第1変化 | | 第2変化 |
| я | живу́ | пишу́ | люблю́ |
| ты | живёшь | пи́шешь | лю́бишь |
| он /она́ /оно́ | живёт | пи́шет | лю́бит |
| мы | живём | пи́шем | лю́бим |
| вы | живёте | пи́шете | лю́бите |
| они́ | живу́т | пи́шут | лю́бят |

＊люби́ть のように現在語幹が唇音（б, в, м, п, ф）で終わる第2変化動詞は1人称単数で語幹の後に л が挿入される。

例：гото́вить 準備する 料理する：гото́влю, гото́вишь...

купи́ть 買う：куплю́, ку́пишь...

**2 Я люблю́ тебя́.「君を愛している」**（人称代名詞と疑問代名詞の対格）

◆ — Кого́ она́ лю́бит? — Она́ лю́бит его́.

「彼女は誰が好きなの？」─「彼女は彼が好きだ。」

◆ — Что они́ лю́бят? — Они́ лю́бят футбо́л и хокке́й.

「彼らは何が好きなの？」─「彼らはサッカーと（アイス）ホッケーが好きだ。」

| 主格 | 対格 |
|---|---|
| **кто?** | **кого́?** |
| **что?** | **что?** |
| я | меня́ |
| ты | тебя́ |
| он | его́ [иво́] |
| она́ | её |
| оно́ | его́ [иво́] |
| мы | нас |
| вы | вас |
| они́ | их |

3
Б

**3 Я учу́сь.**「学んでいる」（-ся 動詞）

◆ Она́ хорошо́ у́чится в шко́ле.「彼女は学校でよく勉強している。」

▶ 末尾に **-ся** が付く動詞を **-ся** 動詞という。

| | | занима́ться [-цца] | учи́ться [-цца] |
|---|---|---|---|
| | 変化の型 | 第一変化 | 第二変化 |
| 現在形 | я | занима́ю<u>сь</u> | учу́<u>сь</u> |
| | ты | занима́ешь<u>ся</u> | у́чишь<u>ся</u> |
| | он /она́ /оно́ | занима́ет<u>ся</u> [-цца] | у́чит<u>ся</u> [-цца] |
| | мы | занима́ем<u>ся</u> | у́чим<u>ся</u> |
| | вы | занима́ете<u>сь</u> | у́чите<u>сь</u> |
| | они́ | занима́ют<u>ся</u> [-цца] | у́чат<u>ся</u> [-цца] |
| 過去形 | 男性 | занима́л<u>ся</u> | учи́л<u>ся</u> |
| | 女性 | занима́ла<u>сь</u> | учи́ла<u>сь</u> |
| | 中性 | занима́ло<u>сь</u> | учи́ло<u>сь</u> |
| | 複数 | занима́ли<u>сь</u> | учи́ли<u>сь</u> |

☞ учи́ться の я と они́ の変化形に注意（正書法の規則）。

＊ 変化形は現在・過去ともに -ся 以外の部分を通常通り変化させる。

＊ -ся の直前の音が子音なら -ся、母音なら -сь を付ける。

▶ 他動詞に **-ся** が付くと再帰や受動などの意味を表す自動詞になる。

（つまり対格の目的語を取らない。）

例：учи́ть 教える ── учи́ться 教わる 学ぶ

родить 生む ── роди́ться 生まれる

☞ 元の他動詞から意味が推測しづらい場合もある。

例：занима́ть 占める ── занима́ться 勉強する 仕事する 練習する 作業する

> учи́ть には 2 つの意味がある。
>
> ① учи́ть ＋人（対格）＝人に教える
>
> ② учи́ть ＋物（対格）＝物を覚える、学ぶ
>
> ＊ -ся 動詞 учи́ться は①から派生

# упражнения 練 習 問 題

**1** ペアを組んで、会話③を参考に、何が好きか尋ね合ってみましょう。

例 : — Что ты лю́бишь, чай и́ли ко́фе? — Я люблю́ ко́фе.
　　— Ты лю́бишь чай? — Нет, я не люблю́ чай. Я люблю́ ко́фе.
　　— Кого́ ты лю́бишь? — Я люблю́ Ма́шу.

**2** 過去形を使った文章を、現在形を使った文章に変え、全文を和訳してください。

例 : Ра́ньше она́ жила́ в Росси́и. → **Сейча́с** она́ **живёт** в Росси́и.

1) Вчера́ студе́нты занима́лись в библиоте́ке.

2) Его́ ста́ршая сестра́ учи́лась в шко́ле.

3) Ра́ньше я рабо́тал в большо́й компа́нии.

4) Мы гро́мко говори́ли, а преподава́тель внима́тельно слу́шал.

5) Вы до́ма ча́сто гото́вили борщ?

6) Мой друг хорошо́ писа́л по-францу́зски.

**3** ペアを組んで、朝・昼・夕方・夜に何をしているかお互いに聞いてみましょう。必要に応じて HP の単語・
表現リストを参照してください。

例 : — Что ты обы́чно де́лаешь у́тром? — У́тром я обы́чно де́лаю заря́дку.

# 第 **4** 課 Хóбби 趣味

Я Мáша. Я покá ещё шкóльница. Я óчень люблю́ рисовáть. И ещё люблю́ Тотóшку! Э́то нáша собáка.

Мой стáрший брат Ми́ша в дéтстве читáл мáнгу и смотрéл анимé. Поэ́тому он реши́л изучáть япóнский язы́к. Ми́ша хóчет посмотрéть рáзные япóнские городá: Тóкио, Киóто, Óсаку, Кóбе, Нáру, Хироси́му.

Э́то егó япóнский друг Кэн. Рáньше он люби́л читáть, но совсéм не хотéл учи́ть инострáнные языки́. Однáжды он прочитáл «Преступлéние и наказáние». Э́тот интерéсный ромáн написáл рýсский писáтель Достоéвский. Поэ́тому Кэн реши́л учи́ть рýсский язы́к. Тепéрь у негó нóвое хóбби. Кэн изучáет рýсские анекдóты.

Ю́ки – стáршая сестрá Кэна. Онá лю́бит балéт и хóчет танцевáть в Большóм теáтре. Онá обы́чно весь день занимáется, хотя́ иногдá отдыхáет. Напримéр, игрáет в тéннис и́ли на пиани́но.

У всех есть люби́мое дéло. А какóе хóбби у вас?

＊ и ещё — それに、そのほか

＊ в де́тстве — де́тство（子供時代）に

＊ ра́зные – ра́зный の複数対格

＊ япо́нские города́ — япо́нский го́род の複数対格

＊ совсе́м не — 全然〜ない　совсе́м 全く、すっかり

＊ иностра́нные языки́ — иностра́нный язы́к（外国語）の複数対格

＊ Достое́вский — Фёдор Миха́йлович Достое́вский（フョードル・ドストエフスキー、
　　　　　1821-1881）帝政ロシア期に活躍した偉大な小説家。代表作に «Преступле́ние
　　　　　и наказа́ние»（『罪と罰』）、«Бра́тья Карама́зовы»（『カラマーゾフの兄弟』）、
　　　　　«Бе́сы»（『悪霊』）などがある。

＊ анекдо́ты – анекдо́т（アネクドート、冗談、小話）の複数形

＊ Большо́м теа́тре — Большо́й теа́тр（ボリショイ劇場）の前置格。Большо́й теа́тр は、ロシ
　　　　　アを代表するバレエ、オペラの劇場。モスクワにある。

＊ игра́ет — игра́ть в/во ＋ 対格 （что）（〜（スポーツ・ゲームなど）をする、〜で遊ぶ）、игра́ть
　　на ＋ 前置格 （чём）（〜（楽器）を弾く、演奏する）

＊ всех — весь の複数生格

 **слова́рь**

хо́бби（不変化の中性名詞）趣味、рисова́ть（不完）絵を描く、поэ́тому だから、реши́ть（完）決
める 決心する、хоте́ть（不完）欲しい 欲する、посмотре́ть（完）見る、ра́зный 様々な、
иностра́нный 外国の、одна́жды 一度 ある時、прочита́ть（完）読む、рома́н 小説、
написа́ть（完）書く、бале́т バレエ、танцева́ть（不完）踊る、теа́тр 劇場、хотя́ 〜ではあるけれど、
отдыха́ть（不完）休む、наприме́р 例えば、игра́ть（不完）遊ぶ 弾く、те́ннис テニス、
пиани́но ピアノ、де́ло 事

会話 ①

### «Что ты хо́чешь?»

– Ю́ки, хо́чешь моро́женое?

– Спаси́бо, не хочу́. Я не люблю́ моро́женое.

– Неуже́ли? А что ты хо́чешь?

– Я хочу́ блины́.

– Отли́чно. Ма́ма Ми́ши как раз сейча́с гото́вит блины́.

* Неуже́ли? — まさか？ほんと？（想定外の現象に対して）（口語）
* блины́ — ブリヌイ（ロシアの伝統的なパンケーキ）
* как раз — ちょうど

会話 ②

### «У тебя́ есть дома́шние живо́тные?»

– Ма́ша, у вас до́ма есть ко́шка?

– Ко́шки у нас нет. Но есть соба́ка. Его́ зову́т Тото́шка.

– Здо́рово! А у тебя́ есть его́ ви́део?

– Коне́чно, вот. Краси́вый?

– О́чень! Он как бу́дто танцу́ет.

* дома́шние живо́тные — дома́шнее живо́тное
  （家の動物＝ペット）の複数主格
* как бу́дто ... — まるで…みたいだ

 словарь

моро́женое アイスクリーム、ко́шка 猫、ви́део ビデオ、коне́чно もちろん

# грамматика 文 法

## 1 хоте́ть「〜が欲しい」

◆ Я хочу́ моро́женое.「私はアイスクリームが欲しい。」

| 不定形 | хоте́ть |
|---|---|
| я | хочу́ |
| ты | хо́чешь |
| он /она́ /оно́ | хо́чет |
| мы | хоти́м |
| вы | хоти́те |
| они́ | хотя́т |

## 2 ма́ма дру́га「友達のお母さん」（生格）

◆ Ма́ма дру́га стро́гая.「友達のお母さんは厳しい。」

▶ 生格：所有や所属（〜の）を表す格

＊通常、修飾したい単語の後ろに置かれる。

| | 単数主格 | 単数生格 |
|---|---|---|
| 男性 | студе́нт | студе́нта |
| | писа́тель | писа́теля |
| | геро́й | геро́я |
| 女性 | сестра́ | сестры́ |
| | тётя おば | тёти |
| | тетра́дь | тетра́ди |
| 中性 | окно́ | окна́ |
| | мо́ре | мо́ря |

## грамматика 文法

**3** У меня́ **есть** хоро́шие друзья́. 「私には良い友人がいる。」（所有の表現）

◆ У меня́ есть хо́бби. 「私には趣味がある。」

● 人称代名詞の生格

| 主格 | 生格 | у＋生格（〜のところに） |
|---|---|---|
| **кто?** | **кого́?** | **у кого́?** |
| **что?** | **чего́?** | **у чего́?** |
| я | меня́ | у меня́ |
| ты | тебя́ | у тебя́ |
| он /она́ /оно́ | его́ / её / его | у него́ / у неё / у него́ |
| мы | нас | у нас |
| вы | вас | у вас |
| они́ | их | у них |

＊3人称の代名詞の場合、前に前置詞があるとき н- を前に付ける。

● 肯定文： у＋А（生格）＋есть＋Б（主格）　　А（生格）には Б（主格）がある／いる

・есть は変化しない。
　　例：У меня́ есть брат. 「私には兄弟がいる。」
　　　　У меня́ есть де́ньги. 「私にはお金がある。」

・物や人の有無ではなくその性質が重要な場合 есть は省略。
　　例：У меня́ чёрные во́лосы. 「私は髪が黒い（直訳：私には黒い髪がある）。」

● 否定文： у＋А（生格）＋нет＋Б（生格）　　А（生格）には Б（生格）がない／いない

・述語は常に нет で、「ない物」「いない人」は生格で表現（否定生格）。
　　例：У меня́ нет сестры́. 「私には姉妹がいない。」

● 過去の肯定文： у＋А（生格）＋быть 過去形＋Б（主格）

・быть の過去形は Б（主格）の性と数に合わせて変化（был, была́, бы́ло, бы́ли）。
　　例：У меня́ бы́ли уро́ки. 「私は授業があった。」

● 過去の否定文： у＋А（生格）＋не́ было＋Б（生格）

・述語は常に не́ было で、「ない物」「いない人」は生格で表現（否定生格）。
　　例：У меня́ не́ было ру́чки. 「私はペンがなかった。」

**存在の有無を表す есть と нет**
例）Здесь есть туале́т?　　　「ここにトイレはありますか？」
　　Ма́мы сейча́с нет до́ма.　「お母さんは今家にいない。」

50

# упражнения 練 習 問 題

1 質問に肯定文と否定文で答え、さらに、疑問文を過去形にし、それに肯定文と否定文で答えてください。 また、全文を和訳してください。

例 : — У вас есть каранда́ш?

→ — Да, у меня́ **есть каранда́ш**. / — **Нет**, у меня́ **нет карандаша́**.

過 : — У вас **был** каранда́ш?

→ — Да, у меня́ **был каранда́ш**. / — **Нет**, у меня́ **не́ было карандаша́**.

1) У тебя́ есть кни́га?      2) У него́ есть смартфо́н?

3) У неё есть письмо́?      4) У них есть преподава́тель?

5) У нас есть слова́рь?      6) У тебя́ есть журна́л?

7) У вас есть маши́на?      8) У неё есть подру́га?

2 ペアを組んで、ロシア語単語イラスト①〜④を見ながら、存在の有無を表す есть と нет を使って質問し 合ってみましょう。

例 : — Здесь есть стол? — Да, вот он. / Нет, здесь нет стола́.

3 ペアを組んで、会話①を参考に、何が欲しいか尋ね合ってみましょう。

例1 : — Что вы хоти́те, моро́женое или шокола́д? — Я хочу́ шокола́д. А вы?
— А я не хочу́ шокола́д. Я хочу́ моро́женое.

例2 : — Ты хо́чешь маши́ну? — Нет, не хочу́. Я хочу́ мотоци́кл.

4 ペアを組んで、会話②を参考に、家族に誰がいるのか、何を持っているのか、尋ね合ってみましょう。
必要に応じてロシア語単語イラスト①〜⑤やHPの単語・表現リストを参照してください。

例1 : — У тебя́ есть брат?
— Да, у меня́ есть ста́рший брат. / Нет, у меня́ нет бра́та.

例2 : — У тебя́ есть маши́на?
— Нет, у меня́ нет маши́ны. У меня́ есть мопе́д.

**Б**

4

会話 ③

## *«Что ты лю́бишь де́лать?»*

– Ма́ша, что ты лю́бишь де́лать?

– Я люблю́ чита́ть кни́ги и рисова́ть соба́к, осо́бенно Тото́шку.
  А ты что лю́бишь де́лать, Кэн?

– А я люблю́ чита́ть электро́нные кни́ги. Поэ́тому я о́чень хочу́
  купи́ть планше́т. Но я студе́нт, а у студе́нтов всегда́ нет де́нег!

* соба́к — соба́ка の複数対格
* электро́нные кни́ги — электро́нная кни́га
  (電子書籍) の複数対格
* студе́нтов — студе́нт の複数生格
* де́нег — де́ньги（お金 [常に複数]）の生格

会話 ④

## *«Ты уже́ сде́лал уро́ки?»*

– Ми́ша, ты уже́ сде́лал уро́ки?

– Пока́ нет. Я ещё чита́ю уче́бник. А что?

– А я уже́ прочита́ла. Вчера́ чита́ла весь день.
  Сего́дня хочу́ посмотре́ть кино́.

– Дава́й вме́сте!

* дава́й — ①勧誘する表現として「〜しよう」；
  ②励ます表現として
  「頑張れ！」「いけ！やれ！」（口語）

 **словарь**

осо́бенно 特に、электро́нный 電子の、купи́ть（完）買う、планше́т タブレット端末、
всегда́ いつも、сде́лать（完）する、уро́к 課題、вме́сте 一緒に ともに

**▶ 1　Я хочу́ / люблю́ чита́ть кни́ги.**「本を**読みたい**。」/「本を**読むのが好きだ**」

◆ Я хочу́ говори́ть по-ру́сски хорошо́.　「私はロシア語で上手に話したい。」

◆ Я люблю́ изуча́ть ру́сский язы́к.　「私はロシア語を勉強するのが好きだ。」

＊ хоте́ть + 動詞の不定形 ～したい / люби́ть + 動詞の不定形 ～するのが好きだ

**▶ 2　рисова́ть, танцева́ть** の変化形（-овать, -евать 型の変化）

| 不定形 | рисова́ть「描く」 | танцева́ть「踊る」 |
|---|---|---|
| я | рису́ю | танцу́ю |
| ты | рису́ешь | танцу́ешь |
| он /она́ /оно́ | рису́ет | танцу́ет |
| мы | рису́ем | танцу́ем |
| вы | рису́ете | танцу́ете |
| они́ | рису́ют | танцу́ют |

**▶ 3　名詞の複数生格・複数対格**

| | 単数主格 | 複数主格 | 複数生格 |
|---|---|---|---|
| 男性 | телефо́н | телефо́ны | телефо́нов |
| | паро́ль | паро́ли | паро́лей |
| 女性 | шко́ла | шко́лы | школ |
| | тетра́дь | тетра́ди | тетра́дей |
| 中性 | сло́во | слова́ | слов |
| | мо́ре | моря́ | море́й |

＊女性名詞と中性名詞の複数生格形では、語尾を取り除いた結果語末に子音が並ぶ場合、o か e が
挿入されることがある。

ку́кла 人形 → ку́кол　　ко́шка → ко́шек

окно́ → о́кон　　письмо́ 手紙 → пи́сем

＊不活動体の複数対格は<u>複数主格</u>に同じ、活動体の複数対格は<u>複数生格</u>に同じ。

## 4 Я чита́л(а) / прочита́л(а) кни́гу.
「本を**読んでいた**」/「本を**読み終わった**」（動詞の体）

◆ Я до́лго де́лал дома́шнее зада́ние и наконе́ц сде́лал.

「私は長い間宿題をやっていて、ついにやり終えた。」

▶ ロシア語のほとんどの動詞は、不完了体と完了体の対（ペア）を成す。

＊完了体動詞に特定の接頭辞がつく場合：

чита́ть (不完) − прочита́ть (完) 読む　　смотре́ть (不完) − посмотре́ть (完) 見る

слу́шать (不完) − послу́шать (完) 聞く　　писа́ть (不完) − написа́ть (完) 書く

рисова́ть (不完) − нарисова́ть (完) 描く　　де́лать (不完) − сде́лать (完) する 作る

игра́ть (不完) − сыгра́ть (完) （スポーツなどを) する 演奏する

＊不完了体動詞に特定の接尾辞がつく場合：

реши́ть (完) − реша́ть (不完) 解答する 解決する 決心する

рассказа́ть (完) − расска́зывать (不完) 語る

изучи́ть (完) − изуча́ть (不完) 勉強する 研究する

＊全く形の違う動詞が不完了体と完了体のペアを成す場合：

говори́ть (不完) − сказа́ть (完) 言う 話す

● 不完了体と完了体の意味

▶ **不完了体**…反復する動作、進行中や継続中の動作、動作そのものを示す。

▶ **完了体**…一回のみの動作を示す。動作の完了やその結果の残存を強調する。

・Вчера́ она́ писа́ла письмо́, но не написа́ла.

「昨日彼女は手紙を書いていたが、書き終わらなかった。」

・Я до́лго реша́л э́тот вопро́с и наконе́ц реши́л.

「私は長い間この問題を解いていて（解こうとしていて）、ついに解けた。」

☞ 不完了体動詞が連続すると、複数の動作が同時進行することを表し、完了体動詞が連続すると、ある動作が完了した後に別の動作が行われることを表す。

・Я слу́шала му́зыку и чита́ла кни́гу.　　「私は音楽を聴きながら本を読んでいた。」

・Я послу́шала му́зыку и прочита́ла кни́гу.「私は音楽を聴いてから本を読んだ。」

---

**体と時の表現**

＊不完了体と結びつきやすい表現：

до́лго 長い間、ча́сто しばしば、обы́чно 普段、иногда́ 時々、всегда́ いつも、ка́ждый… 毎〜

＊完了体と結びつきやすい表現：

наконе́ц ついに、уже́ もう すでに、за+ 時間 〜で (例：за́ день 一日で)

# упражнения 練 習 問 題

**1** 例にならって хоте́ть または люби́ть を現在形にしてください。また、全文を和訳してください。

4
Б

例1 : Моя́ сестра́ ... рисова́ть. → Моя́ сестра́ **лю́бит** рисова́ть.

例2 : Вы не ... обе́дать? → Вы не **хоти́те** обе́дать?

1) Я ... говори́ть по-ру́сски.

2) Студе́нты ... игра́ть в футбо́л.

3) Он не ... де́лать дома́шнее зада́ние.

4) Вы ... танцева́ть?

5) Его́ па́па ... смотре́ть телеви́зор.

6) Мы не ... писа́ть тест.

7) Её подру́га ... смотре́ть кино́.

8) Я ... чита́ть ру́сские кни́ги.

**2** 括弧内には不完了体と完了体の動詞の不定形が書かれています。文脈に合うものを選び、かつ正しく変化させ、全文を和訳してください。

例 : Вчера́ Ма́ша до́лго (смотре́ть / посмотре́ть) телеви́зор.

→ Вчера́ Ма́ша до́лго **смотре́ла** телеви́зор.

1) Ра́ньше мой па́па ка́ждое у́тро (чита́ть / прочита́ть) газе́ту.

2) Студе́нтка весь ве́чер (писа́ть / написа́ть) сочине́ние, но не (писа́ть / написа́ть).

3) Ма́льчик наконе́ц (рисова́ть / нарисова́ть) карти́ну. Он (рисова́ть / нарисова́ть) её весь день.

4) В де́тстве она́ (игра́ть / сыгра́ть) на пиани́но ка́ждый ве́чер, а тепе́рь совсе́м не (игра́ть / сыгра́ть).

5) Вчера́ я (де́лать / сде́лать) дома́шнее зада́ние, но не (де́лать / сде́лать).

6) Ива́н всю ночь (реша́ть / реши́ть) зада́чу, а у́тром (реша́ть / реши́ть) её.

**3** ペアを組んで、何をするのが好きか、何がしたいか、お互いに聞いてみましょう。下記の表現やHPの単語・ 🎧74 表現リストを参考にしてください。

> игра́ть в футбо́л (бейсбо́л, и́гры) サッカー（野球、ゲーム）をする、смотре́ть кино́ 映画を観る、пить ко́фе コーヒーを飲む、фотографи́ровать 写真を撮る、встреча́ться с друзья́ми 友達と会う、писа́ть в соцсе́тях (=социа́льных се́тях) SNS に投稿する

例1 : — Что ты лю́бишь де́лать? — Я люблю́ говори́ть по-ру́сски. А ты?
— А я люблю́ игра́ть в и́гры.

例2 : — Вы хоти́те обе́дать? — Нет, пока́ не хочу́. А вы?
— Я уже́ хочу́ есть.

**4** ペアを組んで、完了体動詞の過去形を使って、最近何をしたのか、お互いに聞いてみましょう。下記の表 🎧75 現やHPの単語・表現リストを参考にしてください。

> сыгра́ть в футбо́л (и́гры, ша́хматы) サッカー（ゲーム、チェス）をする、посмотре́ть фи́льм 映画を見る、послу́шать му́зыку 音楽を聴く

例 : — Что ты сде́лал вчера́? — Вчера́ я сде́лал уро́ки и прочита́л кни́гу. А ты? — А я написа́ла пост в бло́ге ( ブログに投稿した ).

# Мой день 私の1日

Меня́ зову́т Дзюн Мо́ри. Я рабо́таю журнали́стом япо́нской газе́ты в Москве́. В университе́те я узна́л о перестро́йке и рефо́рмах в Росси́и. Тепе́рь я живу́ здесь. Я расскажу́ вам про мой день.

Он начина́ется в 6:30 (шесть часо́в три́дцать мину́т) утра́. Обы́чно я де́лаю заря́дку 15 (пятна́дцать) мину́т, пото́м за́втракаю. В 8:00 (во́семь часо́в) я уже́ на рабо́те. Всё у́тро мы с колле́гами гото́вим но́вости. На рабо́те я о́чень за́нят.

В 12:30 (двена́дцать часо́в три́дцать мину́т) я обе́даю. Сего́дня по́сле обе́да у меня́ бу́дет интервью́ с япо́нскими космона́втами. Они́ неда́вно бы́ли на космодро́ме Байкону́р в Казахста́не. По́сле интервью́ я бу́ду пить ко́фе и гото́вить статью́. Я бу́ду сча́стлив написа́ть о них. Потому́ что я о́чень люблю́ ко́смос.

В 7:00 (семь часо́в) ве́чера я уже́ буду свобо́ден. Сего́дня у меня́ бу́дет у́жин с япо́нцами. Э́то брат и сестра́, они́ то́же живу́т в Москве́. Их зову́т Кэнтаро́ и Ю́кико, мы хоро́шие друзья́. Ю́кико по-ру́сски — Снегу́рочка. Она́ как раз роди́лась зимо́й!

До́ма я бу́ду по́здно. Наве́рное, в 11:00 (оди́ннадцать часо́в). За́втра нет рабо́ты. Поэ́тому бу́ду спать до́лго. Споко́йной но́чи!

\* япóнской газéты — япóнская газéта の生格

\* о/об + 前置格 (ком / чём) — 〜について

\* перестрóйка — ペレストロイカ（1985 年にミハイル・ゴルバチョフ書記長が唱導した政治体制の改革運動）、立て直し

\* рефóрмах — рефóрма の複数前置格

\* про + 対格 (когó / что) — 〜について (о/об + 前置格 (ком / чём) より口語的)

\* коллéгами — коллéга（同僚）の複数造格（коллéга は女性名詞だが、女性に対しても男性に対しても用いる）

\* пóсле + 生格 (когó / чегó) — 〜の後に

\* япóнскими космонáвтами — япóнский космонáвт の複数造格

\* Байконýр в Казахстáне — カザフスタン共和国にあるバイコヌール宇宙基地。ロシア連邦が管理している。

\* потомý что — なぜなら

\* Снегýрочка — ロシア版サンタクロース Дед Морóз（「厳寒爺さん」）の孫。正月のイベントによく参加する。名前の意味は「雪ん子」（または「雪娘」）。

\* Спокóйной нóчи! — おやすみなさい！

 **словарь**

газéта 新聞、узнáть（完）知るようになる、реформа 改革、рассказáть（完）話す、начинáться（不完）始まる、час 時間、минýта 分、зарáдка 体操（携帯電話などの）充電機、зáвтракать（不完）朝食を食べる、нóвость ニュース（女性名詞）、зáнят 忙しい（зáнятый の短語尾男性形）、обéдать 昼食を食べる、обéд 昼食、интервьó インタビュー（不変化の中性名詞）、космонáвт 宇宙飛行士、недáвно 最近、космодрóм ロケット発射基地、пить 飲む（不完）、кóфе コーヒー（男性名詞）、статьá 記事 論文、счáстлив 幸せだ（счастлíвый の短語尾男性形）、кóсмос 宇宙、свобóден 暇だ 自由だ（свобóдный の短語尾男性形）、ýжин 夕食、родíться（完）生まれる、пóздно 遅く、навéрное たぶん 恐らく、поэтому だから そのため、спать（不完）寝る、дóлго 長く

会話 ①

## *«Где ты бу́дешь за́втра?»*

— Ми́ша, где ты бу́дешь за́втра?

— У́тром и днём в университе́те. Бу́ду чита́ть кни́ги в библиоте́ке.

— А ве́чером?

— Ве́чером пла́нов нет. Бу́ду свобо́ден. А что?

— Мы с Кэ́ном ве́чером бу́дем на вечери́нке в япо́нском рестора́не. Дава́й с на́ми?

— Отли́чно, с удово́льствием!

\* вечери́нка — パーティ（口語）

\* япо́нском рестора́не — япо́нский рестора́н
（和食のレストラン）の前置格

\* с удово́льствием — 喜んで

会話 ②

## *«Кем ты рабо́таешь?»*

— Дзюн, кем ты рабо́таешь?

— Я рабо́таю журнали́стом. А ты кем хо́чешь стать, Ма́ша?

— Я хочу́ рабо́тать диза́йнером. А Ми́ша хо́чет быть перево́дчиком.

— Молодцы́. Уда́чи вам!

\* молодцы́ — молоде́ц の複数形

\* уда́чи + 与格 （кому́） — 〜に成功を！ 幸運を！
頑張って（ください）！

 **слова́рь**

план 計画、рестора́н レストラン、стать（完）なる、диза́йнер デザイナー、

перево́дчик 通訳 翻訳者

## грамматика 文 法

### ▶ 1　Я бу́ду.「いるだろう」 ／ Я бу́ду чита́ть.「読書をしているだろう」
（**быть** と不完了体動詞の未来形）

● **быть** の未来形

◆ За́втра я бу́ду в университе́те.

　　「明日私は大学にいるだろう。」

| 不定形 | быть |
|---|---|
| я | бу́ду |
| ты | бу́дешь |
| он /она́ /оно́ | бу́дет |
| мы | бу́дем |
| вы | бу́дете |
| они́ | бу́дут |

● 不完了体動詞（例 **чита́ть**）の未来形

◆ Я бу́ду чита́ть но́вую кни́гу.

　　「私は新しい本を読んでいるだろう。」

| я | бу́ду чита́ть |
|---|---|
| ты | бу́дешь чита́ть |
| он /она́ /оно́ | бу́дет чита́ть |
| мы | бу́дем чита́ть |
| вы | бу́дете чита́ть |
| они́ | бу́дут чита́ть |

＊ быть の未来形＋不完了体動詞不定形

### ▶ 2　Я за́нят.「忙しい」（形容詞の短語尾形）

◆ Я сего́дня за́нят/занята́, но за́втра бу́ду свобо́ден/свобо́дна.

　　「私は今日は忙しいが、明日は暇だ。」

| | гото́вый | за́нятый | свобо́дный |
|---|---|---|---|
| 男性 | гото́в | за́нят | свобо́ден |
| 女性 | гото́ва | занята́ | свобо́дна |
| 中性 | гото́во | за́нято | свобо́дно |
| 複数 | гото́вы | за́няты | свобо́дны |

 長語尾形は恒常的な状態を、短語尾形は一時的・相対的な状態を表す。

Она́ краси́вая.

「彼女は美人だ。」

Она́ сего́дня краси́ва.

「彼女は今日はきれいだ。」

### ▶ 3　造格とその用法

▶ 造格：身分（～として）や手段（～で）を表す格

● 単数名詞の造格

| | 単数主格 | 単数造格 |
|---|---|---|
| 男性 | телефо́н | телефо́ном |
| | паро́ль | паро́лем |
| | музе́й | музе́ем |
| 女性 | шко́ла | шко́лой |
| | неде́ля | неде́лей |
| | тетра́дь | тетра́дью |
| 中性 | окно́ | окно́м |
| | мо́ре | мо́рем |

＊複数造格は語尾が -ами か -ями になる。

　例：уче́бник → уче́бниками、

　　　музе́й → музе́ями、

　　　кни́га → кни́гами、

　　　окно́ → о́кнами

## グラマティカ 文 法

● 疑問代名詞と人称代名詞の造格

| 主格 | 造格 | с ＋造格（〜とともに） |
|---|---|---|
| **кто?** | **кем?** | **с кем?** |
| **что?** | **чем?** | **с чем?** |
| я | мной | со мной |
| ты | тобóй | с тобóй |
| он /онá /онó | им / ей / им | с ним / с ней / с ним |
| мы | нáми | с нáми |
| вы | вáми | с вáми |
| они́ | и́ми | с ни́ми |

① 述語名詞

◆ Моя́ тётя была́ диза́йнером. 「私のおばさんはデザイナーだった。」

＊ быть の過去時制、未来時制では述語名詞が造格になる（現在時制では быть が省略され、述語名詞は主格になる）。

◆ Я хочу́ стать диза́йнером. 「私はデザイナーになりたい。」

＊ хоте́ть быть/стать「なりたい」の後ろも述語が造格になる。

② 「〜として」

◆ Я рабо́таю журнали́стом. 「私はジャーナリストとして働いている。」

③ 「〜とともに」（с ＋ 造格 (кем / чем)）

◆ Ма́ша живёт вме́сте с ба́бушкой. 「マーシャはおばあさんと一緒に住んでいる。」

＊ мы с тобо́й = я и ты    мы с жено́й = я и жена́

＊ ко́фе с молоко́м ミルク入りコーヒー、чай с лимо́ном レモンティー

☞ そのほか、手段を表す用法もある。例：Я пишу́ карандашо́м. 「私は鉛筆で書く。」

**4** 疑問代名詞と人称代名詞の前置格

◆ Я бу́ду писа́ть статью́ о них. 「私は彼らについての記事を書くだろう。」

| 主格 | 前置格 | о ＋前置格（〜について） |
|---|---|---|
| **кто?** | **ком?** | **о ком?** |
| **что?** | **чём?** | **о чём?** |
| я | мне | обо мне |
| ты | тебé | о тебé |
| он /онá /онó | нём / ней / нём | о нём / о ней / о нём |
| мы | нас | о нас |
| вы | вас | о вас |
| они́ | них | о них |

# упражнения 練習問題

**1** 質問に未来形で答え、さらに全文を和訳してください。

例 : Вы пи́шете тест? → Мы **бу́дем писа́ть** тест.

1) Кэн повторя́ет уро́к?
2) Ты у́чишь но́вые слова́?
3) Они́ гуля́ют в па́рке?
4) Преподава́тель чита́ет ле́кцию?
5) Мы хорошо́ говори́м по-ру́сски?
6) Ма́ша рису́ет Тото́шку?

**2** 括弧内の名詞を使って質問に答え、さらに全文を和訳してください。

例 : С кем вы ча́сто говори́те? (ма́ма), (сестра́) и (брат)
→ Я ча́сто говорю́ **с ма́мой**, **сестро́й** и **бра́том**.

1) С кем дру́жит Ми́ша? (Кэн) и (Ю́ки)
2) С кем ты был на конце́рте? (друг) и (подру́га)
3) С кем Дзюн игра́ет в футбо́л? (колле́га)
4) С кем вы лю́бите смотреть кино и игра́ть в ша́хматы? (де́душка) и (дя́дя)
5) С кем Ната́ша гуля́ла ве́чером? (Са́ша) и (Ле́на)
6) С кем преподава́тель был в библиоте́ке? (Михаи́л)

**3** ペアを組んで、例を参考に、未来形を使って明日何をしているのか、お互いの予定を聞いてみましょう。

例 : — Что вы бу́дете де́лать за́втра?
— Я бу́ду рабо́тать в магази́не. А вы?
— А я бу́ду гуля́ть в па́рке!

**4** ペアを組んで、HP の単語・表現リストを参考にしながら、誰かの職業や相手の将来の夢について尋ねてみましょう。（注意！ слу́жащий（公務員）の造格は слу́жащим。また、бизнесме́н（ビジネスマン）と домохозя́йка（主婦）は、主語 + рабо́тать + 造格 ではなく、主語 + 主格 を用いる。例：Он бизнесме́н.）

例1 : — Кем рабо́тает ваш друг? — Мой друг рабо́тает врачо́м. А ваш?
— Мой друг рабо́тает учи́телем.

例2 : — Кем ты хо́чешь стать? — Я хочу́ стать программи́стом. А ты?
— А я хочу́ стать бло́гером.

会話 ③

### «Ты звони́шь роди́телям?»

– Ю́ки, ты ча́сто звони́шь па́пе и ма́ме?

– Да, я звоню́ им ка́ждый день.

– Молоде́ц. А мне вчера́ позвони́л Дзюн. Он купи́л нам биле́ты на футбо́л.

– Су́пер! Я скажу́ Кэ́ну.

\* биле́т на ~ — ~のチケット

\* Су́пер! — 超すごい！最高！（口語）

会話 ④

### «Кото́рый час?»

– Ми́ша, кото́рый час?

– Сейча́с двена́дцать часо́в два́дцать пять мину́т. Ско́ро ле́кция.

– Да. А когда́ бу́дет экза́мен?

– Че́рез ме́сяц.

\* че́рез + 対格 （時を表す名詞）— ~後に

 **словарь**

звони́ть (不完) 電話する、 позвони́ть (完) 電話する、 биле́т チケット、 футбо́л サッカー、 кото́рый どの、 ско́ро まもなく、 ле́кция 講義、 когда́ いつ、 экза́мен 試験、 ме́сяц 月

**1 Я прочита́ю э́ту кни́гу.**「この本を**読み終えるだろう**」（完了体未来）

◆ Сего́дня я обяза́тельно ей позвоню́.「今日私は必ず彼女に電話します。」

▶ 完了体動詞の人称変化形は、現在時制ではなく未来時制を表す。

|  | 不完了体 |  | 完了体 |  |
|---|---|---|---|---|
| 過去時制 | я чита́л | 読んでいた | прочита́л | 読み終わった |
| 現在時制 | я чита́ю | 読んでいる |  |  |
| 未来時制 | я бу́ду чита́ть | 読んでいるだろう | прочита́ю | 読み終えるだろう |

● **сказа́ть** の変化

| 不定形 | сказа́ть |
|---|---|
| я | скажу́ |
| ты | ска́жешь |
| он /она́ /оно́ | ска́жет |
| мы | ска́жем |
| вы | ска́жете |
| они́ | ска́жут |

＊ сказа́ть は「言う」、рассказа́ть は「話す」「語る」という意味。

**2 Я позвоню́ ему́.**「彼に電話をするだろう」（与格）

◆ Я расскажу́ вам про Япо́нию.「私はあなたたちに日本について話します。」

▶ 与格：間接目的語（〜に）を表す格

● 単数名詞の与格

|  | 単数主格 | 単数与格 |
|---|---|---|
| 男性 | студе́нт | студе́нту |
|  | писа́тель | писа́телю |
|  | геро́й | геро́ю |
| 女性 | ма́ма | ма́ме |
|  | тётя | тёте |
|  | тетра́дь | тетра́ди |
| 中性 | окно́ | окну́ |
|  | мо́ре | мо́рю |

● 疑問代名詞と人称代名詞の与格

| 主格 | 与格 |
|---|---|
| **кто?** | **кому́?** |
| **что?** | **чему́?** |
| я | мне |
| ты | тебе́ |
| он /она́ /оно́ | ему́ / ей / ему́ |
| мы | нам |
| вы | вам |
| они́ | им |

＊複数与格は、語尾が **-ам** か **-ям** になる。

учебник → учебникам　кни́га → кни́гам　окно́ → о́кнам　семья́ → се́мьям

＊動詞 + 与格 (кому́)「〜（人）へ／に」の形をとる動詞：

расска́зывать（不完）– рассказа́ть（完）話す、звони́ть（不完）– позвони́ть（完）電話する、покупа́ть（不完）– купи́ть（完）買う

**3 Кото́рый час?** — **Два часа́.**「今何時？」−「2時」（時刻の表現）

◆ — Кото́рый час? ( = Ско́лько вре́мени?) — Сейча́с оди́ннадцать часо́в.
「何時ですか？」−「今11時です。」（вре́мени：время の単数生格）

● 数量詞（мно́го / немно́го / не́сколько / ма́ло）＋名詞（ 生格 （кого́ / чего́））

＊ мно́го люде́й「たくさんの人々」、немно́го пи́ва「少しのビール」、
не́сколько книг「何冊かの本」、ма́ло вре́мени「わずかな時間」

● 個数詞（0-100）

| 0 | ноль (нуль) | | | | |
|---|---|---|---|---|---|
| 1 | оди́н（男）, одна́（女）, одно́（中）, одни́（複） | 11 | оди́ннадцать | | |
| 2 | два（男／中）, две（女） | 12 | двена́дцать | 20 | два́дцать |
| 3 | три | 13 | трина́дцать | 30 | три́дцать |
| 4 | четы́ре | 14 | четы́рнадцать | 40 | со́рок |
| 5 | пять | 15 | пятна́дцать | 50 | пятьдеся́т |
| 6 | шесть | 16 | шестна́дцать | 60 | шестьдеся́т |
| 7 | семь | 17 | семна́дцать | 70 | се́мьдесят |
| 8 | во́семь | 18 | восемна́дцать | 80 | во́семьдесят |
| 9 | де́вять | 19 | девятна́дцать | 90 | девяно́сто |
| 10 | де́сять | | | 100 | сто |

＊二つ以上の個数詞で表す数を合成数詞という。
21は два́дцать оди́н、45は со́рок пять、111は сто оди́ннадцать

＊1は性と数に合わせて変化：
оди́н студе́нт　одна́ студе́нтка　одно́ ме́сто　одни́ часы́（「1つの時計」）

＊2、3、4に付く名詞は**単数生格**（2は性に合わせて変化）：
два студе́нта　две студе́нтки　три ме́ста　четы́ре бра́та

＊0と5以上に付く名詞は**複数生格**：
пять студе́нтов　со́рок студе́нток

＊ただし、合成数詞の場合、名詞は最後の数詞によって形が決まる：
два́дцать оди́н студе́нт　пятьдеся́т две студе́нтки

● **Во ско́лько (часо́в)?**：「何時に？」

◆ — Во ско́лько бу́дет ле́кция?　— В три часа́ де́сять мину́т.
「講義は何時ですか？」−「3時10分です。」

＊ в + 対格 （時間を示す名詞）：「〜時に」　☞ 詳しくは付録102頁参照。

＊ оди́н час はふつう оди́н を省略して単に час と言う。

упражнения  練 習 問 題

**①** 括弧内の単語を使って答え、さらに、全文を和訳してください。

例：Кому́ ты звони́л вчера́? (моя́ де́вушка) → Я звони́л вчера́ **мое́й де́вушке**.

1) Кому́ вы купи́ли пода́рки? (ба́бушка) и (де́душка)

2) Кому́ Ю́кико написа́ла письмо́? (брат) и (роди́тели)

3) Кому́ Ми́ша помога́ет изуча́ть ру́сский язы́к? (Кэн) и (Дзюн)

4) Кому́ преподава́тель объясня́ет но́вые слова́? (студе́нты)

5) Кому́ ты сказа́ла о конце́рте? (друг) и (подру́га)

6) Кому́ Алекса́ндр Ива́нович купи́л биле́ты в теа́тр?
(Еле́на Влади́мировна) и (Татья́на Петро́вна)

**②** 括弧内の完了体動詞を未来形にし、さらに、全文を和訳してください。

例：За́втра я (прочита́ть) кни́гу. → За́втра я **прочита́ю** кни́гу.

1) Он обяза́тельно (написа́ть) тест ве́чером.

2) Послеза́втра мы (купи́ть) но́вый смартфо́н.

3) Вы (сде́лать) дома́шнее зада́ние за́ день?

4) Студе́нты наконе́ц (посмотре́ть) фи́льм про космона́втов.

**③** ペアを組んで、 例1 にならって今の時間を尋ね合ってみましょう。次に下の時計の図を見ながら、
例2 にならって用事や出来事がいつ始まり、いつ終わるのか尋ね合ってみましょう。

рабо́та (口語 подрабо́тка)
バイト

соревнова́ние по футбо́лу
サッカーの試合

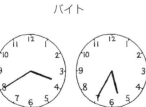

кино́
映画

встре́ча
ミーティング

例1：— Кото́рый час? — Сейча́с два часа́ пятна́дцать мину́т.

例2：— Во ско́лько начина́ется ле́кция? — В три часа́ два́дцать мину́т.
— А во ско́лько зака́нчивается? — В четы́ре часа́ пятьдеся́т мину́т.

5
Б

# Поку́пки 買い物

Меня́ зову́т Татья́на Петро́вна, я родила́сь на Ура́ле. Я мно́го е́здила по Росси́и. Была́ в Петербу́рге, на Камча́тке, во Владивосто́ке. Сейча́с живу́ в Москве́ с до́чкой и её му́жем. Ра́ньше я рабо́тала, а тепе́рь на пе́нсии. Но у меня́ акти́вная жизнь. Я е́зжу в библиоте́ку и хожу́ в спорти́вный зал.

Я о́чень люблю́ гото́вить. Вчера́ я е́здила на ры́нок купи́ть свёклу. Я хоте́ла пригото́вить борщ. Снача́ла пое́хала на метро́, пото́м на авто́бусе. По́сле ры́нка я пошла́ в магази́н. Там я купи́ла карто́фель, капу́сту и други́е о́вощи. По́сле поку́пок я прие́хала домо́й и пригото́вила борщ. К нам пришли́ в го́сти друзья́. Мы обе́дали и мно́го говори́ли.

За́втра понеде́льник, и моя́ дочь Ле́на сно́ва пойдёт на рабо́ту в больни́цу. Она́ врач, к ней хо́дят же́нщины и мужчи́ны. Её муж Са́ша пое́дет на авто́бусе в университе́т. Он преподава́тель. У него́ всегда́ мно́го рабо́ты. Но он лю́бит свою́ рабо́ту и свои́х студе́нтов.

А вы где бы́ли вчера́? Куда́ пойдёте за́втра?

* по Росси́и — ロシア中を　по + 与格 (чему́) ～中を、～に沿って
* Петербу́рг, Камча́тка, Владивосто́к — ペテルブルク、カムチャツカ、ウラジオストク
* до́чка — дочь（娘）の愛称形、親しみや愛情を込めていう言い方
* на пе́нсии — 年金生活である、пе́нсия（年金）で暮らす
* ры́нок — 市場、マーケット（наを用いる単語）
* пришли́ в го́сти — 客として訪ねて来た　идти́ в го́сти к 与格 (кому́)（客として～を訪ねる）
* свои́х студе́нтов — свой студе́нт（自分の学生）の複数対格

 **словарь**

поку́пка 買い物、е́здить（不完）（乗って）行く（不定動詞）、муж 夫、акти́вный 活発な、

жизнь 生活 人生、ходи́ть（不完）（歩いて）行く（不定動詞）、спорти́вный зал (спортза́л)

スポーツジム、свёкла ビート、пригото́вить（完）準備する 料理する、борщ ボルシチ、

пое́хать（完）（乗り物で）出かける、метро́ 地下鉄、авто́бус バス、пойти́（完）（歩いて）出かける、

магази́н 店、карто́фель（口語：карто́шка）じゃがいも、капу́ста キャベツ、о́вощи 野菜、

прие́хать（乗り物で）着く、домо́й 家へ、прийти́（歩いて）着く、гость 客、понеде́льник

月曜日、сно́ва 再び、больни́ца 病院、же́нщина 女性、свой 自分の

# 6 A

会話 ①

### *«Куда́ ты идёшь?»*

– Кэн, куда́ ты сейча́с идёшь?

– Я иду́ в спорти́вный зал. Я хожу́ туда́ ка́ждый ве́чер.

– Молоде́ц!

– А вы куда́ идёте?

– Мы сейча́с идём в кинотеа́тр. Пошли́ вме́сте!

– Ну, хорошо́. Спорти́вный зал – за́втра!

\* Пошли́ вме́сте! — 一緒に行こう！（口語）

過去形で慣習的に「行こう」と
呼びかける意味として使う場合もある。

会話 ②

### *«На чём вы е́здите?»*

– Ми́ша, на чём твои́ роди́тели е́здят на рабо́ту?

– Па́па е́здит на маши́не, иногда́ на метро́. А ма́ма на трамва́е.

– А вы с Ма́шей на чём е́здите?

– Я е́зжу на мопе́де, а Ма́ша на велосипе́де.

 **слова́рь**

идти́ (不完)(歩いて) 行く (定動詞)、трамва́й 路面電車 トラム、мопе́д 原動機付自転車 スクーター、

велосипе́д 自転車

▶ **1** Я иду́/хожу́ в университе́т. 「大学へ**行く**ところだ／**通っている**」（移動の動詞）

● 移動の動詞 идти́ – е́хать（定動詞）と ходи́ть – е́здить（不定動詞）の人称変化

| | 定動詞 | | 不定動詞 | |
|---|---|---|---|---|
| 不定形 | идти́ | е́хать | ходи́ть | е́здить |
| 意味 | （歩いて）行く | （乗って）行く | （歩いて）行く | （乗って）行く |
| 変化の型 | 特殊な第 1 変化 | | 第 2 変化 | |
| я | иду́ | е́ду | хожу́ | е́зжу |
| ты | идёшь | е́дешь | хо́дишь | е́здишь |
| он /она́ /оно́ | идёт | е́дет | хо́дит | е́здит |
| мы | идём | е́дем | хо́дим | е́здим |
| вы | идёте | е́дете | хо́дите | е́здите |
| они́ | иду́т | е́дут | хо́дят | е́здят |

● **идти́** の過去形

| 男性 | шёл |
|---|---|
| 女性 | шла |
| 中性 | шло |
| 複数 | шли |

＊ идти́ は現在形・過去形ともに不規則。

☞ その他の移動動詞については付録 99-100 頁を参照。

▶▶ 移動の動詞…ロシア語には移動の仕方を示す一連の動詞群がある。

＊それぞれの意味について、定動詞・不定動詞が対（ペア）になっている。

▶▶ **定動詞**…一定方向への移動

▶▶ **不定動詞**…往復、反復、ランダムな移動、能力

＊不定動詞も定動詞も、どちらも不完了体。

＊不定動詞の過去形は「行ってきた」（往復）の意味にもなる。

例：Ба́бушка е́здила на ры́нок. 「おばあさんは市場へ行ってきた。」

 **быть** の過去形を使って「行ってきた」と言うこともできる。

例：Вчера́ он был в университе́те. 「昨日彼は大学へ行ってきた。」

＊なお **быть** の未来形を使って「行ってくる（だろう）」と言うこともできる。

例：За́втра он бу́дет в университе́те.「明日彼は大学へ行ってくる。」

 **идти́** には дождь（雨）、снег（雪）が「降る」という意味もある。

例：Вчера́ шёл дождь, а сего́дня идёт снег.

「昨日は雨が降っていたが、今日は雪が降っている。」

# грамматика 文 法

🎧 ②20 ▶ **2** Я иду́ в шко́лу. 「学校へ行くところだ」（方向の表現）

◆ — Куда́ ты идёшь сейча́с? 「君は今どこへ行くところだい？」
— Сейча́с я иду́ в университе́т. 「今私は大学へ行くところだ。」

● 方向の表現

| | 場所の表現 〜に／〜で | | 方向の表現　〜へ（行く） |
|---|---|---|---|
| 疑問詞 | где? | | куда́? |
| в を使う名詞 | в шко́ле（前置格） | | в шко́лу（対格） |
| на を使う名詞 | на по́чте（前置格） | Я { иду́（定）хожу́（不定）е́ду（定）е́зжу（不定） } | на по́чту（対格） |
| 人のところ | у бра́та（生格） | | к бра́ту（与格） |
| 自宅 | до́ма | | домо́й |
| ここ | здесь | | сюда́ |
| あそこ | там | | туда́ |

🎧 ②21 ▶ **3** Я е́зжу на маши́не. 「車で行っている」（移動手段の表現）

◆ — Как ты обы́чно е́здишь в библиоте́ку? 「君は普段どうやって図書館へ行っているんだい？」
— Я е́зжу туда́ на авто́бусе. 「私はそこへバスで行っている。」

● 移動手段の表現

| 移動手段 | | | на + 前置格（〜で） |
|---|---|---|---|
| авто́бус | バス | | на авто́бусе |
| трамва́й | 路面電車 | | на трамва́е |
| по́езд | 列車 | | на по́езде |
| электри́чка | 電車 | | на электри́чке |
| маши́на | 車 | Я { е́ду（定）е́зжу（不定） } | на маши́не |
| мотоци́кл | バイク | | на мотоци́кле |
| мопе́д | 原付 | | на мопе́де |
| велосипе́д | 自転車 | | на велосипе́де |
| такси́ | タクシー | | на такси́ |
| метро́ | 地下鉄 | | на метро́ |
| 徒歩 | | Я { иду́（定）хожу́（不定） } | пешко́м |

＊移動手段は на + 前置格 （чём）で表す。

＊метро́, такси́ は不変化名詞なので格変化しない。

70

# упражнения 練 習 問 題

**1** 定動詞と不定動詞のうち文脈に合うものを選び、現在形で正しく変化させてください。また、全文を和訳してください。

例 : Куда́ ты сейча́с (идти́ / ходи́ть)? → Куда́ ты сейча́с **идёшь**?

1) Я ре́дко (идти́ / ходи́ть) в кафе́.

2) Мы сейча́с (е́хать / е́здить) на мо́ре.

3) Куда́ вы ча́сто (е́хать / е́здить) на метро́?

4) Как ты обы́чно (е́хать / е́здить) в библиоте́ку?

5) Я сейча́с (идти́ / ходи́ть) к врачу́.

6) Мой де́душка иногда́ (идти́ / ходи́ть) в кинотеа́тр.

**2** 正しい前置詞を選び、括弧内の名詞を正しく変化させてください。また、全文を和訳してください。

例 : Ба́бушка хо́дит в / на / к (врач) ка́ждый день.
　　 → Ба́бушка хо́дит в / на / (к) **врачу́** ка́ждый день.

1) На́ши де́ти е́здят в / на / к (шко́ла) на авто́бусе.

2) Мой друзья́ иногда́ хо́дят в / на / к (кинотеа́тр).

3) Вчера́ мы вме́сте е́здили в / на / к (ба́бушка).

4) Весно́й шко́льники е́здили в / на / к (о́зеро).

5) Сего́дня у́тром я ходи́л в / на / к (по́чта).

6) Ты ча́сто е́здишь в / на / к (де́душка)?

**3** ペアを組んで、会話②と例を参考に、普段どこへどうやって行っているか尋ね合ってみましょう。
②
22

例1 : — Как ты обы́чно е́здишь в университе́т?
　　　 — Я обы́чно е́зжу на мопе́де.

例2 : — Как вы обы́чно е́здите в магази́н?
　　　 — Я обы́чно хожу́ туда́ пешко́м.

会話 ③

*«Куда́ он пое́хал?»*

– Кэн, куда́ пое́хал Дзюн?

– В командиро́вку. Он собира́лся пое́хать в Казахста́н,
   на космодро́м Байкону́р.

– Поня́тно. А когда́ он прие́дет?

– Наве́рное, в воскресе́нье. Мы хоти́м пойти́ на хокке́йный матч.

＊ собира́ться (不完) ＋ 動詞の不定形 — 〜するつもりでいる
＊ хокке́йный матч — хокке́й (アイスホッケー) の試合

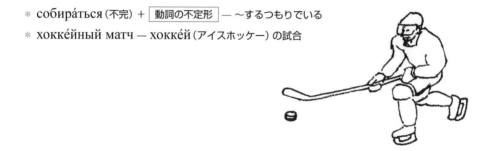

会話 ④

*«Пошли́ в го́сти!»*

– Ми́ша, ты куда́ е́здил?

– Я был на ю́ге, у де́душки и ба́бушки.

– Здо́рово! Пошли́ в го́сти к Дзю́ну? Он у себя́ до́ма. Он как раз
   неда́вно прие́хал из Казахста́на.

– Коне́чно, с удово́льствием!

＊ Пошли́ в го́сти — 遊びに行こう

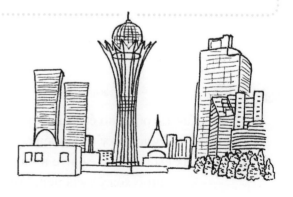

   **словарь**

командиро́вка 出張、воскресе́нье 日曜日、юг 南、себя́ 自分

## грамматика 文 法

### ▶ 1　Я **пойду́** в библиоте́ку.「図書館へ**出かける**」（по ＋移動の動詞）

▶▶ 接頭辞 **по-** は出発の意味を加える。

| 不定形 | пойти́ | пое́хать |
|---|---|---|
| 意味 | （歩いて）行く | （乗って）行く |
| 変化の型 | 特殊な第 1 変化 | |
| я | пойду́ | пое́ду |
| ты | пойдёшь | пое́дешь |
| он /она́ /оно́ | пойдёт | пое́дет |
| мы | пойдём | пое́дем |
| вы | пойдёте | пое́дете |
| они́ | пойду́т | пое́дут |

＊ идти́ と е́хать のいずれも по が付くことで、**完了体**になる。

### ▶ 2　移動の動詞とさまざまな接頭辞

▶▶ 移動の動詞に接頭辞が付くと、定動詞は完了体動詞に、不定動詞は不完了体動詞になることが多い。

＊ при-（来る）、у-（去る）、в-（入る）、вы-（出る）などの接頭辞が付加的な意味を加える。

| 不定形 | 完了体 | | 不完了体 | |
|---|---|---|---|---|
| | прийти́ | прие́хать | приходи́ть | приезжа́ть |
| 意味 | （歩いて）来る | （乗って）来る | （歩いて）来る | （乗って）来る |
| 変化の型 | 特殊な第 1 変化 | | 第 2 変化 | 第 1 変化 |
| я | приду́ | прие́ду | прихожу́ | приезжа́ю |
| ты | придёшь | прие́дешь | прихо́дишь | приезжа́ешь |
| он /она́ /оно́ | придёт | прие́дет | прихо́дит | приезжа́ет |
| мы | придём | прие́дем | прихо́дим | приезжа́ем |
| вы | придёте | прие́дете | прихо́дите | приезжа́ете |
| они́ | приду́т | прие́дут | прихо́дят | приезжа́ют |

### ▶ 3　移動の動詞と結びつく表現

◆ — Отку́да ты прие́хал?「君はどこから来たの？」 — Я прие́хал из Росси́и.「僕はロシアから来た。」

● 起点の表現

| | | 起点の表現（～から） |
|---|---|---|
| 疑問詞 | | отку́да? |
| в を使う名詞 | | из шко́лы（生格） |
| на を使う名詞 | Я иду́（定） хожу́（不定） е́ду（定） е́зжу（不定） | с по́чты（生格） |
| 人のところ | | от бра́та（生格） |
| 自宅 | | из до́ма |
| ここ | | отсю́да |
| あそこ | | отту́да |

● 場所の表現、方向の表現、起点の表現をまとめてみよう。

|  | 場所の表現 | 方向の表現 | 起点の表現 |
|---|---|---|---|
| в を使う名詞 | в + 前置格 | в + 対格 | из + 生格 |
| на を使う名詞 | на + 前置格 | на + 対格 | с + 生格 |
| 人などの場合 | у + 生格 | к + 与格 | от + 生格 |

\* с は主に з/с ＋子音で始まる語の前で со に、к は мне の前で ко になる（ко мне）。

例：со станции 駅から

● 方角の表現

|  | 場所の表現<br>на ＋前置格 | 方向の表現<br>на ＋対格 | 起点の表現<br>с ＋生格 |
|---|---|---|---|
| восто́к（東） | на восто́ке | на восто́к | с восто́ка |
| за́пад（西） | на за́паде | на за́пад | с за́пада |
| юг（南） | на ю́ге | на юг | с ю́га |
| се́вер（北） | на се́вере | на се́вер | с се́вера |

 **4  Я рису́ю себя́.「自分を描く」（再帰代名詞）**

◆ Он рассказа́л о себе́ и свое́й семье́. 「彼は自分のことと、自分の家族のことを話した。」

● 再帰代名詞の変化

|  | 主格 | 生格 | 与格 | 対格 | 造格 | 前置格 |
|---|---|---|---|---|---|---|
| 自分 | — | себя́ | себе́ | себя́ | собо́й | себе́ |

\* себя́ の変化パターンは ты と同じ（ただし主格はない）。

\* 再帰所有代名詞 свой（自分の）は所有代名詞 мой と同じ変化パターン。（付録 98 頁参照。）

 意味の違いに注意！

Он лю́бит свои́х студе́нтов. 「彼（A）は自分（A）の学生たちが好きだ。」

Он лю́бит его́ студе́нтов. 「彼（A）は彼（B）の学生が好きだ。」

**5  曜日の表現**

◆ Во вто́рник у нас уро́к ру́сского языка́. 「火曜日は私たちにはロシア語の授業があります。」

|  | 主格 | в ＋対格（〜に） |
|---|---|---|
| 月曜日 | понеде́льник | в понеде́льник |
| 火曜日 | вто́рник | во вто́рник |
| 水曜日 | среда́ | в сре́ду |
| 木曜日 | четве́рг | в четве́рг |
| 金曜日 | пя́тница | в пя́тницу |
| 土曜日 | суббо́та | в суббо́ту |
| 日曜日 | воскресе́нье | в воскресе́нье |

# упражнения  練 習 問 題

**1** 括弧内の動詞を適切な形に変化させ、全文を和訳してください。

例 : За́втра друг (прие́хать) в Япо́нию.

→ За́втра друг **прие́дет** в Япо́нию.

1) Неда́вно ты (приходи́ть) к нам в го́сти.

2) Сейча́с моя́ сестра́ живёт во Фра́нции, но она́ ско́ро (прие́хать) к нам.

3) Ка́ждое у́тро в на́шу шко́лу (приходи́ть) чёрная ко́шка.

4) Вчера́ ма́ма (пое́хать) на рабо́ту ра́но у́тром.

5) В суббо́ту па́па (прийти́) домо́й по́здно ве́чером.

6) Ка́ждый день в общежи́тие (приезжа́ть) но́вые студе́нты.

**2** 正しい前置詞を選び、全文を和訳してください。

例 : Они́ прие́хали (из / с / от) Москвы́.

→ Они́ прие́хали ( из / с / от) Москвы́.

1) Па́па прие́хал (из / с / от) вокза́ла.

2) В сре́ду (из / с / от) Йокога́мы прие́дут мои́ друзья́.

3) Моя́ подру́га ско́ро прие́дет (из / с / от) А́нглии.

4) Сего́дня у́тром (из / с / от) ба́бушки пришло́ письмо́.

5) Их ма́ма приезжа́ет домо́й (из / с / от) рабо́ты о́чень по́здно.

6) Де́душка пришёл домо́й (из / с / от) врача́.

**3** ペアを組んで、例を参考に、お互いの出身地を尋ねてみましょう。

例1 : — Отку́да вы прие́хали? — Я прие́хала из Аомо́ри.

例2 : — Отку́да ты прие́хал? — Я прие́хал с Окина́вы.

# Путеше́ствия 旅行

②
31

Меня́ зову́т Еле́на Влади́мировна, я врач. Ка́ждый день мне ну́жно ра́но встава́ть и е́хать в больни́цу. Э́то ма́ленькое путеше́ствие. Снача́ла на́до е́хать на метро́, пото́м на авто́бусе. Опа́здывать нельзя́. Я должна́ помога́ть лю́дям. Э́то — моя́ ми́ссия. Иногда́, коне́чно, тяжело́, но мне нра́вится моя́ рабо́та.

Моя́ ма́ма говори́т: «Нельзя́ так рабо́тать, отдыха́й!». Ско́ро у меня́ бу́дет о́тпуск. Мы мо́жем пое́хать в большо́е путеше́ствие. Я о́чень хочу́ в А́зию, в Кита́й и Япо́нию. Мне нра́вятся кита́йский чай и япо́нская косме́тика.

В про́шлом году́ мы е́здили в Евро́пу. Снача́ла лете́ли на самолёте в Герма́нию, отту́да е́хали на по́езде в А́встрию. Там я смогла́ немно́го говори́ть по-неме́цки. Бы́ло о́чень интере́сно.

Ле́том мы ча́сто е́здим на мо́ре в Со́чи. Там мо́жно купа́ться и загора́ть. Пра́вда, ну́жно зара́нее купи́ть биле́ты. По́сле о́тпуска мо́жно сно́ва рабо́тать.

А куда́ вы хоти́те пое́хать? Где вы уже́ бы́ли?

* помога́ть + 与格 (кому́ / чему́) — 〜を助ける (不完了体)、完了体は помо́чь

* лю́дям — лю́ди (人々 [常に複数]) の与格

* хочу́ в А́зию — アジアへ行きたい。ロシア語は同語反復を避ける傾向があり、ここでは хоте́ть の後に пое́хать が省略されている。

* в про́шлом году́ — про́шлый год (前の年)、в +前置格で「前年に」の意味

* Со́чи — ソチ。黒海に面したロシア有数の保養地。2014 年に冬季オリンピックが開催された。

* Пра́вда — ただし

 **словарь**

путеше́ствие 旅、ну́жно 〜しなければならない、ра́но 早く 早い、встава́ть（不完）起きる、на́до 〜しなければならない、опа́здывать（不完）遅れる、нельзя́ 〜してはならない、до́лжен 〜しなければならない、ми́ссия 使命 ミッション、тяжело́ つらい、нра́виться（不完）気に入る、о́тпуск 休暇、мочь（不完）〜できる、А́зия アジア、Кита́й 中国、косме́тика 化粧品、про́шлый 前の、Евро́па ヨーロッパ、лете́ть（不完）飛ぶ（移動の動詞の定動詞）、самолёт 飛行機、Герма́ния ドイツ、А́встрия オーストリア、смочь（完）〜できる、ле́том 夏に、мо́жно（状況的に）できる、купа́ться（不完）水浴びをする 泳ぐ、загора́ть（不完）日光浴をする、зара́нее 事前に

会話 ①

### «Куда́ тебе́ ну́жно е́хать?»

— Дзюн, тебе́ за́втра ну́жно е́хать на рабо́ту?

— Да, коне́чно. А почему́ ты спра́шиваешь, Ми́ша?

— Мо́жно с тобо́й? Мне интере́сна рабо́та журнали́ста.

— К сожале́нию, нельзя́. За́втра на́до мно́го рабо́тать. Дава́й поу́жинаем по́сле рабо́ты.

\* интере́сна — интере́сный の短語尾女性形

\* к сожале́нию — 残念ながら

 会話 ②

### «Что вам нра́вится?»

— Алекса́ндр Ива́нович, вам нра́вится япо́нская ку́хня?

— Да, о́чень. Осо́бенно су́си и саси́ми. О́чень вку́сно! А вот натто́ совсе́м не понра́вилось.

— Я то́же не люблю́ натто́. А вот ру́сская ку́хня нра́вится.

— А что и́менно, Ю́кико?

— Мне нра́вится борщ. И ещё понра́вились пирожки́.

\* япо́нская ку́хня — 日本の料理　ку́хня（台所、料理）

**словарь**

почему́ なぜ、спра́шивать (不完) 尋ねる、поу́жинать (完) 夕食を取る、су́си 寿司、саси́ми 刺身、вку́сно 美味しい、натто́ 納豆、понра́виться (完) 気に入る、и́менно 特に 具体的に、пирожки́ ピロシキ

▶ **1** **Мóжно** войти́? 「入っていいですか？」（無人称述語①）

◆ Мне на́до ра́но встава́ть. 「私は早起きしなければならない。」

| на́до/ну́жно | ～しなければならない、する必要がある |
|---|---|
| мóжно | ～できる、～してもよい |
| нельзя́ | ～できない、～してはいけない |

▶ 無人称述語＋ 動詞の不定形 …無人称述語が助動詞的な役割を果たす。

＊意味上の主語は与格で表す。

＊過去時制の場合 бы́ло を加え、未来時制の場合 бу́дет を加える。

　例：Ле́том нам на́до бы́ло мнóго рабóтать, но зимóй мóжно бу́дет отдыха́ть.

　　　「夏、私たちはたくさん働かねばならなかったが、冬には休むことができるだろう。」

 ふつう нельзя́ ＋完了体動詞不定形は「できない」の意に、

　　　нельзя́ ＋不完了体動詞不定形は「してはいけない」の意になる。

　　　例：Так **нельзя́ сказа́ть**. 「そうは言えない。」

　　　В библиотéке **нельзя́ говори́ть** по телефóну.

　　　　　　　　「図書館では電話で話してはいけない。」

▶ **2** **нра́виться** 「好きだ（気にいっている）」

◆ Мне нра́вится Росси́я. 「私はロシアが好きだ（ロシアは私のお気に入りだ）。」

| 不定形 | нра́виться |
|---|---|
| 変化の型 | 第2変化 |
| я | нра́влюсь |
| ты | нра́вишься |
| он／она́／онó | нра́вится |
| мы | нра́вимся |
| вы | нра́витесь |
| они́ | нра́вятся |

▶ 「А（与格）は Б（主格）が好きだ（Б は А に気に入られている）。」

＊ нра́виться は主語（主格）に合わせて変化。

・Мне нра́вятся **кóшки**. 「私は**猫が**好きだ。」

・Кóшкам нра́влюсь **я**. 「猫は**私が**好きだ。」

＊ нра́виться/понра́виться

・нра́виться...　　 気に入っている（好きだ）… 不完了体

・понра́виться... 気に入る（好きになる）　… 完了体

例：Мне понра́вилась грузи́нская ку́хня в Москве́.

「私はモスクワでジョージア（グルジア）料理が好きになった。」

🎧②36 ▶ **3　дава́йте**「～しよう」（勧誘の表現）

◆ Дава́йте учи́ться хорошо́!　「よく勉強しましょう！」

● 不完了体：

дава́й / дава́йте ＋ 動詞の不定形　　　　Дава́йте говори́ть по-ру́сски.

「ロシア語で話しましょう。」

● 完了体：

・дава́й / дава́йте ＋ 動詞の１人称複数形　Дава́йте посмо́трим кино́.

「映画を見ましょう。」

・動詞の１人称複数形 / 動詞の１人称複数形 ＋ те のみ　　Пойдёмте вме́сте.

「一緒に行きましょう。」

＊ те がない場合は親しい・対等な間柄の勧誘、те がつく場合は丁寧な勧誘。

🎧②37 ▶ **4　四季の表現**

◆ Весно́й в Япо́нии са́кура о́чень краси́ва.　「春は日本では桜が美しい。」

| | 名詞 | 副詞（～に） |
|---|---|---|
| 春 | весна́ | весно́й |
| 夏 | ле́то | ле́том |
| 秋 | о́сень | о́сенью |
| 冬 | зима́ | зимо́й |

# упражнения 練 習 問 題

**1** 括弧内の単語を正しく変化させ、全文を和訳してください。

例 : (Мой друг) на́до написа́ть тест. → **Моему́ дру́гу** на́до написа́ть тест.

1) (Ты) нельзя́ кури́ть.

2) (Студе́нты) ну́жно е́хать в библиоте́ку?

3) (Он) уже́ мо́жно игра́ть в хокке́й?

4) (Преподава́тель) нельзя́ опа́здывать.

5) (Они́) на́до бы́ло отдыха́ть.

6) (Ма́ша) мо́жно бы́ло е́здить на велосипе́де.

7) (Она́) ну́жно бу́дет идти́ домо́й.

8) (Я) на́до бу́дет купи́ть слова́рь.

**2** 括弧内の動詞を主語に合わせて現在形にし、その質問に肯定文と否定文で答えてください。また全文を和訳してください。

例 : Вам (нра́виться) пельме́ни? → Вам **нра́вятся** пельме́ни?
— **Да, мне нра́вятся** пельме́ни. / — **Нет, мне не нра́вятся** пельме́ни.

1) Я ему́ (нра́виться)?

2) Тебе́ (нра́виться) пирожки́?

3) Дзю́ну (нра́виться) игра́ть в ша́хматы?

4) Сестре́ (нра́виться) жить в Росси́и?

**3** ペアを組んで、HP の単語・表現リストを参考に、お互いの好みについて聞いてみましょう。

例 : — Что вам нра́вится? — Мне нра́вится говори́ть по-ру́сски. А вам?
— Мне то́же!

**4** ペアを組んで、下記の表現や HP の単語・表現リストを参考に、お互いに何かしようと誘ってみましょう。

игра́ть / сыгра́ть в футбо́л (и́гры, ша́хматы) サッカー (ゲーム、チェス) をする、
смотре́ть / посмотре́ть фи́льм 映画を見る、
слу́шать / послу́шать му́зыку 音楽を聴く

例1 : — Дава́йте говори́ть по-ру́сски?
— Дава́йте! А пото́м дава́йте по-англи́йски.

例2 : — Дава́й пойдём в кино́?
— Нет, не хочу́. Дава́й пойдём на конце́рт!

会話 ③

*«Ты умéешь?»*

— Ми́ша, ты умéешь игра́ть в ша́хматы?

— Да, умéю. То́лько немно́го.

— Мне о́чень интерéсно! Мо́жешь научи́ть меня́?

— С удово́льствием, но за́втра. Сего́дня не могу́,
на́до идти́ на рабо́ту.

会話 ④

*«Скажи́те, пожа́луйста, где библиотéка?»*

— Скажи́те, пожа́луйста, где библиотéка?

— Иди́те пря́мо и напра́во.

— Спаси́бо! Она́ сего́дня откры́та?

— Извини́те, я не зна́ю. Пожа́луйста, спроси́те охра́нника.

＊ откры́та — откры́тый（開いている）の短語尾女性形

📓 単 語 帳 **словарь**

умéть（不完）（能力的に）できる、ша́хматы チェス（常に複数）、то́лько だけ、научи́ть（完）習得
させる、пря́мо まっすぐ、спроси́ть（完）尋ねる 質問する、охра́нник 警備員

## грамматика 文 法

### ▶ 1 мочь、уме́ть 「〜できる」

◆ Я уме́ю игра́ть на гита́ре, но сейча́с не могу́. На́до рабо́тать.

「私は（能力的に）ギターが弾けるが、今は（状況的に）弾けない。仕事をしなければ。」

● **мочь** の変化形

| | 不定形 | мочь |
|---|---|---|
| 現在形 | я | могу́ |
| | ты | мо́жешь |
| | он /она́ /оно́ | мо́жет |
| | мы | мо́жем |
| | вы | мо́жете |
| | они́ | мо́гут |
| 過去形 | 男性 | мог |
| | 女性 | могла́ |
| | 中性 | могло́ |
| | 複数 | могли́ |

▶▶ **мочь**（不完了体）－ **смочь**（完了体）＋ 動詞の不定形 …〈状況的に〉〜できる

＊ мочь は行為の実現可能性を強調。смочь は行為の遂行を強調。

- Я могла́ откры́ть дверь.　「私はドアを開けることが可能だった（が開けたかどうかは不明）。」
- Я смогла́ откры́ть дверь.　「私はドアを開けられた（ので開けた）。」

＊未来形は смочь のみ使用。

- Ты смо́жешь рабо́тать журнали́стом.　「君はジャーナリストとして働けるだろう。」

▶▶ **уме́ть** ＋ 動詞の不定形 …〈能力的に〉〜できる

### ▶ 2 Я до́лжен/должна́ рабо́тать. 「働かなければ**ならない**」（述語の до́лжен）

| 男性 | до́лжен |
|---|---|
| 女性 | должна́ |
| 中性 | должно́ |
| 複数 | должны́ |

▶▶ **до́лжен** ＋ 動詞の不定形 …「〜しなければならない」（義務を表す助動詞的な表現）

＊ до́лжен は主語に合わせて変化する。

＊未来時制・過去時制は主語に合わせて、**быть** の未来形・過去形を挿入。

例：Я до́лжен был（должна́ была́）занима́ться.　「私は勉強しなければならなかった。」

## 3 Сего́дня хо́лодно.「今日は寒い」(無人称述語②)

▶ 副詞の多くは無人称述語として用いられる。

＊意味上の主語、時制は無人称述語①の場合と同じ。（79 頁参照。）

例：Сего́дня жа́рко, хотя́ вчера́ бы́ло прохла́дно. А за́втра бу́дет тепло́.
「昨日は涼しかったが、今日は暑い。明日は暖かくなる。」

例：Мне тру́дно, а ему́ о́чень легко́. 「私には難しいが、彼にはとても簡単だ。」

＊無人称述語＋ 動詞の不定形 …「〜するのは…だ」

例：Мне интере́сно смотре́ть телеви́зор. 「私にはテレビを見るのが面白い。」

無人称述語としてよく使われる副詞

хорошо́ 良い⇔ пло́хо 悪い、интере́сно 面白い⇔ ску́чно つまらない、
тру́дно 難しい⇔ легко́ 簡単だ、гру́стно 悲しい⇔ ве́село 楽しい、
хо́лодно 寒い⇔ жа́рко 暑い、прохла́дно 涼しい⇔ тепло́ 暖かい、
ра́но 早い⇔ по́здно 遅い、далеко́ 遠い⇔ бли́зко 近い、
ма́ло 少ない⇔ мно́го 多い

## 4 Позвони́те!「電話してください！」(命令形)

| 2 人称単数形の語幹の末尾 | 母音 | 子音 | |
|---|---|---|---|
| 命令形 | 語幹＋ -й | ① 語幹＋ -и | ② 語幹＋ -ь |

☞ ①…1 人称単数形の
アクセントが語尾にある場合

②…1 人称単数形の
アクセントが語幹にある場合

＊ вы に対する命令形は、これに те を付ける。

| | отдыха́ть | сказа́ть | извини́ть | гото́вить |
|---|---|---|---|---|
| 2 人称単数形 | отдыха́ешь | ска́жешь (1 単 скажу́) | извини́шь (1 単 извиню́) | гото́вишь (1 単 гото́влю) |
| ты に対する命令形 | отдыха́й | скажи́ | извини́ | гото́вь |
| вы に対する命令形 | отдыха́йте | скажи́те | извини́те | гото́вьте |

＊ -ся 動詞の場合は -ся を除いた形で命令形を作り、母音 (-и, -ите, -ьте, -йте) で終われば -сь を、子音 (-ь, -й) で終われば -ся を付ける。

例：учи́ться 学ぶ－ учи́сь, учи́тесь
занима́ться 勉強・従事する－ занима́йся, занима́йтесь

＊ пожалуйста を添えると丁寧な依頼の表現になる。

例：Напиши́те, пожа́луйста, ва́ше и́мя. 「あなたの名前を書いてください。」

# упражнения 練 習 問 題

**1** 括弧内の単語を正しく変化させ、全文を和訳してください。

例：Мой брат (уме́ть) игра́ть на скри́пке. → Мой брат **уме́ет** игра́ть на скри́пке.

1) Вы (мочь) позвони́ть мне за́втра?

2) Мы (уме́ть) писа́ть по-ру́сски.

3) Студе́нты (до́лжен) учи́ться ка́ждый день.

4) Ма́ша (уме́ть) хорошо́ рисова́ть.

5) Я вчера́ не (смочь) реши́ть зада́чу.

6) Она́ (до́лжен) написа́ть тест.

**2** 括弧内の動詞を命令形にし、全文を和訳してください。

例：Алекса́ндр Ива́нович, пожа́луйста, (отдыха́ть)!
→ Алекса́ндр Ива́нович, пожа́луйста, **отдыха́йте**!

1) Татья́на Петро́вна, (извини́ть) меня́, пожа́луйста.

2) Ма́ша, (учи́ться) хорошо́.

3) Друзья́, (посмотре́ть) э́тот фильм.

4) Па́па, (купи́ть) мне телефо́н, пожа́луйста!

**3** ペアを組んで、例を参考に、на́до、ну́жно、до́лжен、мо́жно を使って、何をしなければならな
いか、何をしても良いか尋ね合ってみましょう。辞書を使って下記の表現を調べるか、あるいは HP の単語・
表現リストを参照してください。

毎日体操をする、野菜を買う、大学へ行く、休む　休憩する、ロシア語で話す、図書館で勉強する、
たくさんの本を読む、海へ行く、病院へ行く

例：— Что вам ну́жно де́лать? — Мне ну́жно де́лать дома́шнее зада́ние. А
вам? — Мне то́же!

**4** ペアを組んで、下記の表現や HP の単語・表現リストを参考に、命令形を使ってお互いに指示を出してみ
ましょう。

ロシア語で話す (говори́ть по-ру́сски)、駅がどこにあるか言う (сказа́ть, где ста́нция)、
よく休む (отдыха́ть хорошо́)、夕飯を準備する (гото́вить у́жин)、図書館で勉強する
(занима́ться в библиоте́ке)、私に電話をする (позвони́ть мне)、辞書を買う (купи́ть
слова́рь)

例1：— Пожа́луйста, сде́лайте дома́шнее зада́ние за́втра!

例2：— Говори́ гро́мко, пожа́луйста!

# Моя́ мечта́ 私の夢

Всем приве́т! Я Ю́кико, а для друзе́й – Ю́ки. Мне два́дцать два го́да. Наве́рное, е́сли бы я родила́сь в Росси́и, меня́ бы зва́ли Снегу́рочка. Это вну́чка Де́да Моро́за, кото́рая прихо́дит на Но́вый год вме́сте с ним. Ведь мой день рожде́ния как раз зимо́й, в декабре́. И я давно́ мечта́ла о Росси́и.

Я балери́на. Я с де́тства интересова́лась бале́том, в шко́ле ходи́ла на кружо́к. Моя́ са́мая люби́мая балери́на – Ма́йя Плисе́цкая. Я ви́дела, как она́ танцу́ет, и всегда́ хоте́ла быть как она́. Поэ́тому я мно́го занима́лась. Говоря́т, что тепе́рь я уме́ю неплохо танцева́ть!

Коне́чно, я пока́ ещё учу́сь. Я прие́хала в Москву́, что́бы научи́ться танцева́ть ещё лу́чше. В бу́дущем я хочу́ стать балери́ной Большо́го теа́тра, потому́ что э́то са́мый гла́вный теа́тр Росси́и. Это моя́ мечта́. Я иду́ к ней, шаг за ша́гом.

А кака́я мечта́ у вас?

\* всем — все（весь の複数形、みんな）の与格

\* для + 生格 （когó/чегó） — 〜のために

\* друзéй — друг の複数生格

\* Нóвый год — 新年

\* ведь — だって…だから（口語）

\* день рождéния — 誕生日。рождéние（誕生）

\* с дéтства — дéтство（子供時代）から、с + 生格 （чегó） — 〜から

\* интересовáться + 造格 （кем / чем） — 〜に関心を持つ

\* Мáйя Плисéцкая — マイヤ・プリセツカヤ（1925-2015）：ボリショイ・バレエ団に属した世界的バ
レリーナ。

\* в бýдущем — 将来（において）。бýдущий（将来の、未来の）

\* Большóго теáтра — Большóй театр の生格

\* шаг за шáгом — 一歩ずつ шаг（一歩）、за + 造格 （кем / чем）〜の後に

 単 語 帳 словарь

мечтá 夢、éсли もしも、внýчка 孫娘、декáбрь 12月、давнó 長いこと 前から、мечтáть（不
完）夢見る、кружóк サークル、вúдеть（不完）見る、чтóбы 〜するために、научúться（完）習得
する、лýчше より良い、сáмый 最も、глáвный 主要な 中心的な

会話 ①

*«Кто лу́чше говори́т?»*

– Ми́ша, кто лу́чше говори́т по-ру́сски, Кэн и́ли Ю́ки?
– Мне ка́жется, что Ю́ки понима́ет лу́чше Кэ́на.
  Зато́ Кэн пи́шет краси́вее, чем Ю́ки.
– Да, э́то так. А лу́чше всех говори́т Дзюн. Он ста́рше и о́пытнее.

＊ 与格 (кому́) + ка́жется, что — 与格 には、что 以下であるように見える、思える
＊ Да, э́то так. — そう、それはそうだね。

会話 ②

*«Слова́рь, кото́рый подари́л па́па»*

– Ма́ша, что случи́лось?
– Я потеря́ла слова́рь, кото́рый подари́л па́па.
– Е́сли потеря́ла в шко́ле, на́до спроси́ть учи́тельницу,
  кото́рая была́ в кла́ссе. А хо́чешь мой слова́рь?
– Пра́вда? Спаси́бо большо́е!

＊ что случи́лось? — どうしたの？ どうしましたか？
＊ Спаси́бо большо́е — どうもありがとう

 **слова́рь**

каза́ться (不完) 思われる、**понима́ть** (不完) 理解する、**зато́** その代わり、**ста́рше** 年上だ
(**ста́рый** の比較級)、**о́пытный** 経験がある、**подари́ть** (完) あげる 贈る、**случи́ться** (完) (偶然)
起こる、**потеря́ть** (完) なくす、**класс** クラス 教室

## грамматика 文 法

▶ **1** Э́тот уче́бник **лу́чше.**「この教科書は**より良い**」（形容詞と副詞の比較級）

● 比較級のつくり方

① | **бо́лее** | ＋ | 形容詞、副詞 | （形容詞：бо́лее интере́сный、副詞：бо́лее интере́сно）

＊ бо́лее は変化しない。

例：Я зна́ю бо́лее интере́сного челове́ка.「私はもっと面白い人を知っている。」

② 形容詞／副詞の語幹＋ -ее（形容詞、副詞の比較級は同型）

| 形容詞 | 副詞 | 比較級 | 形容詞 | 副詞 | 比較級 |
|---|---|---|---|---|---|
| интере́сный | интере́сно | интере́снее | холо́дный 冷たい | хо́лодно | холодне́е |
| ску́чный | ску́чно | скучне́е | тёплый 暖かい | тепло́ | тепле́е |

③ 不規則変化（形容詞、副詞の比較級は同型）

| 形容詞 | 副詞 | 比較級 | 形容詞 | 副詞 | 比較級 |
|---|---|---|---|---|---|
| хоро́ший | хорошо́ | лу́чше | ста́рый | старо́ | ста́рше |
| плохо́й | пло́хо | ху́же | молодо́й | мо́лодо | моло́же |
| большо́й | мно́го | бо́льше | дорого́й 高い | до́рого | доро́же |
| ма́ленький | ма́ло | ме́ньше | дешёвый 安い | дёшево | деше́вле |

＊②と③どちらの場合も、もっぱら副詞または述語として用いる。

・副詞：Она́ тепе́рь говори́т по-ру́сски лу́чше.「今は彼女は、より上手にロシア語を話す。」

・述語：Все това́ры деше́вле, чем обы́чно.「すべての商品が普段より安い。」

● 比較の対象

① 比較級, | **чем** | ＋ 比較の対象 — Ва́ша карти́на краси́вее, чем моя́.
「あなたの絵は私のよりもきれいです。」

② 比較の対象を | 生格 | (кого́／чего́) で示す — Она́ моло́же меня́.「彼女は私よりも若い。」

▶ **2** 様々な複文

① что ～：～だということ

＊ что：従属節を導く接続詞。

例：Он не знал, что она́ лю́бит соба́к.「彼は彼女が犬好きだとは知らなかった。」

② потому́ что ～：～だから

例：Я не могу́ пойти́ в кино́, потому́ что занята́.
「私は忙しいので映画に行けない。」

③ когда́：～する時に

例：Когда́ я занима́лся до́ма, мне позвони́л па́па.
「私が家で勉強している時に、お父さんが私に電話をかけてきた。」

④ е́сли：もしも〜なら

例：Е́сли за́втра бу́дет хоро́шая пого́да, мы бу́дем гуля́ть в па́рке.

「もしも明日良い天気なら、私たちは公園を散歩するつもりだ。」

⑤ что́бы：〜するために、〜できるように

＊ что́бы ＋ 動詞の不定形 （主節と従属節の動作主体が同じ場合）

例：Мне на́до мно́го занима́ться, что́бы сдать экза́мен.

「私は試験に受かるためにたくさん勉強しなければならない。」

＊ что́бы ＋ 主語 ＋ 動詞過去形 （主節と従属節の動作主体が違う場合）

例：Я хочу́, что́бы ты помогла́ мне. 「私は君に手伝ってほしい。」

⑥ как, когда, где, что などの疑問詞：間接疑問文

例：Он не знал, что́ она́ лю́бит. （①と比較）

「彼は彼女が何を好んでいるのか知らなかった。」

---

🎧 ② 53 **3** Меня́ **зову́т** Снегу́рочка. 「雪ん子と**呼ばれている**」（不定人称文）

▶ **主語のない、3人称複数形の動詞を用いた文は、「（一般に）〜されている」という意味になる。**

このような文を不定人称文という。定型表現の《Меня́ зову́т …》も不定人称文。

例：В А́встрии говоря́т по-неме́цки. 「オーストリアではドイツ語が話されている。」
Говоря́т, что за́втра бу́дет снег. 「明日は雪になるという。」

---

🎧 ② 54 **4** Это кни́га, **кото́рую** я купи́л(а) вчера́. 「これは、**私が昨日買った本だ**」（関係代名詞）

◆ За́втра ко мне прие́дет друг, кото́рый живёт в О́саке.

「明日私のところに、大阪に住んでいる友人がやってくる。」

◆ Мой брат позвони́л де́вушке, с кото́рой он неда́вно познако́мился.

「私の弟は、彼が最近知りあった女の子に電話をかけた。」

| | 主格 | 生格 | 与格 | 対格 | 造格 | 前置格 |
|---|---|---|---|---|---|---|
| 男性 | кото́рый | кото́рого | кото́рому | ＝ 主 (不活)／生 (活) | кото́рым | кото́ром |
| 女性 | кото́рая | кото́рой | кото́рой | кото́рую | кото́рой | кото́рой |
| 中性 | кото́рое | кото́рого | кото́рому | кото́рое | кото́рым | кото́ром |
| 複数 | кото́рые | кото́рых | кото́рым | ＝ 主 (不活)／生 (活) | кото́рыми | кото́рых |

＊ кото́рый の変化形…形容詞 но́вый の変化形に同じ。（付録 97 頁参照。）

＊関係代名詞の用法：

・性と数…先行詞に一致。

・格…従属節のなかでの役割に一致。

・関係詞節の直前には必ずコンマを入れる。

# упражнения 練 習 問 題

**1** 括弧内の形容詞と副詞を比較級にし、全文を和訳してください。

例：Аму́р (дли́нный) Во́лги → Аму́р **длинне́е** Во́лги.

1) В Япо́нии (тепло́), чем в Росси́и.

2) Дзюн говори́т (бы́стро) Кэ́на.

3) Моя́ соба́ка (у́мная) и (до́брая), чем моя́ ко́шка.

4) Сего́дня пого́да (хоро́шая), чем вчера́.

**2** 適当な接続詞を選び、全文を和訳してください。

例：(Е́сли / Что́бы) моя́ ма́ма хо́чет есть, она́ идёт в кафе́.

1) (Что́ / Е́сли) за́втра бу́дет дождь, мы не бу́дем гуля́ть в па́рке.

2) Он идёт в магази́н оде́жды, (когда́ / что́бы) купи́ть джи́нсы.

3) Говоря́т, (что / что́бы) ру́сские ре́дко улыба́ются.

4) Вы не ска́жете, (где / что́бы) мо́жно купи́ть планше́т?

5) Я хочу́, (что́бы / что) вы говори́ли ме́дленнее.

6) Ма́ма пришла́ домо́й, (е́сли / когда́) мы смотре́ли футбо́л по телеви́зору.

**3** 関係代名詞 кото́рый で二文をつなぎ、全文を和訳してください。

例：Сего́дня я ви́дел де́вушку. Она́ живёт в на́шем до́ме.
  → Сего́дня я ви́дел де́вушку, **кото́рая** живёт в на́шем до́ме.

1) Сего́дня ко мне придёт друг. С ним мы вме́сте учи́лись в шко́ле.

2) До́ма мы чита́ем кни́ги. О них нам расска́зывал преподава́тель.

3) Я пое́ду в воскресе́нье на о́зеро. В нём мо́жно купа́ться.

4) Здесь живёт моя́ подру́га. Ей о́чень нра́вится ру́сская литерату́ра.

**4** ペアを組んで、例を参考に、下記の単語を使ってクイズを出してみましょう。

例：тигр 虎　медве́дь 熊　бе́гать 走る　бы́стро
  — Кто бе́гает быстре́е, тигр и́ли медве́дь?
  — Тигр бе́гает быстре́е, чем медве́дь.

1) по́езд 列車　самолёт 飛行機　ме́дленно

2) Земля́ 地球　Луна́ 月　большо́й

3) смартфо́н　каранда́ш　дорого́й

4) янва́рь 1月　а́вгуст 8月　хо́лодно

会話 ③

### «Что бы вы хоте́ли?»

– Татья́на Петро́вна, е́сли бы вам сейча́с бы́ло два́дцать лет, что́ бы вы хоте́ли сде́лать?

– Хоро́ший вопро́с! Я бы пое́хала в большо́е путеше́ствие.

– А что вы хоте́ли бы уви́деть?

– Я бы хоте́ла посмотре́ть на Эвере́ст, э́то же са́мая высо́кая гора́ в ми́ре.

\* Эвере́ст — エベレスト

\* ... же — だって…（強調のニュアンス、口語）

会話 ④

### «Ско́лько тебе́ лет?»

– Ми́ша, а Ма́ше сейча́с ско́лько лет?

– Ей четы́рнадцать лет. А мне девятна́дцать.

– Пра́вда? Мне то́же девятна́дцать лет.

– Ух ты, мы рове́сники! А когда́ у тебя́ день рожде́ния?

– Три́дцать пе́рвого декабря́. Почти́ на Но́вый год!

\* лет — 年。本来ле́то（夏）の複数生格だが、год（年）の複数生格としても使われる。

\* на ＋ 対格 (что) — 〜（祝日など）に（あたっている）

 **слова́рь**

вопро́с 質問、уви́деть (完) 見る、высо́кий 高い、гора́ 山、рове́сник 同い年、

пе́рвый 最初の 第一の、почти́ ほぼ

**▶ 1** Э́то **са́мая краси́вая** карти́на. 「これは**最も美しい**絵です」（形容詞の最上級）

**8**
**Б**

◆ Эльбру́с – са́мая высо́кая гора́ в Евро́пе. 「エルブルスはヨーロッパで最も高い山だ。」

＊ | са́мый | ＋ | 形容詞 | … са́мый は形容詞に一致して変化。変化パターンは но́вый と同じ。

＊比較級を使って最上級の意味を表すこともできる。

　・| 比較級（-ee 形／不規則形） | ＋ | всего́（何よりも）／всех（誰よりも、どれよりも） |

　　→比較対象が抽象的な場合は весь の単数生格 всего́

　　　例：Любо́вь доро́же всего́. 「愛は何よりも大切だ（＝ 一番大切だ）。」

　　→比較対象が具体的な場合は весь の複数生格 всех

　　　例：Она́ моло́же всех. 「彼女は誰よりも若い（＝ 一番若い）。」

**▶ 2** С тобо́й **бы́ло бы** хорошо́! 「君と一緒なら良いだろうに！」（仮定法）

◆ Е́сли бы сего́дня была́ хоро́шая пого́да, я погуля́л(а) бы в па́рке.

　「今日いい天気なら、公園で散歩するのに（いい天気ではないから散歩しない）。」

　**▶ 現実に起こりえないこと、起こらなかったことを表現する。**

＊ Е́сли бы ＋ | 過去形 | 、 | 過去形 | ＋ бы　〜だったら、…だろうに（実際はそうではない）

　・主節のみの場合もある。

　　例：Без тебя́ я не дое́хал(а) бы до до́ма.

　　　「君なしには家にたどり着かなかっただろう。」

＊仮定法では形式上過去・現在・未来の区別がなくなる。時制は文脈で判断する。

　　例：Е́сли бы вчера́ была́ хоро́шая пого́да, я погуля́л(а) бы в па́рке.

　　　「昨日天気が良かったら公園で散歩したのに。」

　　例：Е́сли бы за́втра была́ хоро́шая пого́да, я погуля́л(а) бы в па́рке.

　　　「明日天気が良ければ公園で散歩するのに。」

**▶ 3** 年齢と年月日の表現

① 年齢の表現

◆ — Ско́лько тебе́ лет? — Мне 19 лет.

　　「君はいくつですか。」 –「僕は 19 歳です。」

＊ | 与格 | ＋ | 数詞 | ＋ | год／го́да／лет |

　・最後の数詞が　0 の場合　　 — лет

　　　　　　　　 1 の場合　　 — год

　　　　　　　　 2〜4 の場合　 — го́да

　　　　　　　　 5 以上の場合　— лет

　・ただし、11〜19 の場合は　　 — лет

 смотре́ть と ви́деть

смотре́ть（不完）- посмотре́ть（完）が「意識的に見る」ことを表す一方、ви́деть（不完）- уви́деть（完）は「見える」ことに主眼がある。

　例：Она́ смотре́ла, но не ви́дела, что случи́лось.

　　「彼女は視線を向けていたが、何が起こったのか見えていなかった。」

同様に、「聞く」という行為にも слу́шать（不完）- послу́шать（完）「意識的に聞く」と слы́шать（不完）- услы́шать（完）「聞こえる」の区別がある。

② 年月日の表現

● **200 以上の数詞**（付録 102 頁参照。）

\* сто 100, ты́сяча 1000, миллио́н 1,000,000

> 例：265 две́сти шестьдеся́т пять
>
> 2,888 две́ ты́сячи восемьсо́т во́семьдесят во́семь
>
> 5,760,000 пять миллио́нов семьсо́т шестьдеся́т ты́сяч

● **序数詞**（〜番目の）（付録 103 頁参照。）

\*最後の数字だけ序数詞になる。

> 例：мой пе́рвый ноутбу́к　私の最初のノートパソコン
>
> тре́тье окно́　三番目の窓
>
> сто пятьдеся́т девя́тая конфере́нция　159 回目の会議

● **年号の表現**

\*年数＋год（最後の数だけ序数詞）

> 例：1989 год ＝ ты́сяча девятьсо́т во́семьдесят **девя́тый** год
>
> 2000 год ＝ **двухты́сячный** год
>
> 2020 год ＝ две ты́сячи **двадца́тый** год

\*「〜年に」 в ＋ 前置格 （чём）

> 例：Я роди́лся в 1995 (ты́сяча девятьсо́т девяно́сто **пя́том**) году́.
>
> 「私は 1995 年に生まれた。」

● **月の表現**

| | 主格 | в ＋前置格（〜に） | | 主格 | в ＋前置格（〜に） |
|---|---|---|---|---|---|
| 1月 | янва́рь | в январе́ | 7月 | ию́ль | в ию́ле |
| 2月 | февра́ль | в феврале́ | 8月 | а́вгуст | в а́вгусте |
| 3月 | март | в ма́рте | 9月 | сентя́брь | в сентябре́ |
| 4月 | апре́ль | в апре́ле | 10月 | октя́брь | в октябре́ |
| 5月 | май | в ма́е | 11月 | ноя́брь | в ноябре́ |
| 6月 | ию́нь | в ию́не | 12月 | дека́брь | в декабре́ |

\*「〜年〜月に」 в ＋ 前置格 （чём）（月）＋ 生格 （чего́）（年）

> 例：Она́ родила́сь **в ноябре́** 2002 (две ты́сячи **второ́го**) **го́да**.
>
> 「彼女は 2002 年の 11 月に生まれた。」

● **日付の表現**

\*日にち（序数詞の単数中性形）（＋ число́）（最後の数だけ序数詞）

> 例：1 日＝ пе́рвое (число́)　5 日＝ пя́тое (число́)　23 日＝ два́дцать тре́тье (число́)

\*「〜年〜月〜日に」（前置詞なし） 生格 （чего́）（日）＋ 生格 （чего́）（月）＋ 生格 （чего́）（年）

> 例：Я родила́сь 21 (два́дцать **пе́рвого**) января́ 2011 (две ты́сячи
>
> **оди́ннадцатого**) **го́да**.　「私は 2011 年 1 月 21 日に生まれた。」

# упражнения 練習問題

**1** 形容詞の比較級と всего / всех を使い、文章を作り変えてください。また、全文を和訳してください。

例 : Хана́ко – са́мая краси́вая де́вушка в гру́ппе.

→ Хана́ко – **краси́вее всех** в гру́ппе.

1) Ёсиро́ — са́мый у́мный в кла́ссе.

2) Учи́ться — э́то са́мое интере́сное.

3) Для меня́ здоро́вье — са́мое ва́жное.

4) Э́та кни́га в магази́не — са́мая популя́рная.

**2** 仮定法の文を完成させ、全文を和訳してください。

例 : У меня́ нет вре́мени. Я не могу́ игра́ть в те́ннис.

→ Е́сли бы у меня́ бы́ло вре́мя, **я игра́л(а) бы в те́ннис**.

1) У него́ нет де́нег. Он не мо́жет купи́ть маши́ну.

→ Е́сли бы у него́ бы́ли де́ньги, ...

2) Идёт дождь. Мы не мо́жем гуля́ть в па́рке.

→ Е́сли бы не шёл дождь, ...

3) Ты не пти́ца. Ты не мо́жешь лета́ть.

→ Е́сли бы ты был пти́цей, ...

4) Сего́дня не воскресе́нье. Вы не мо́жете спать до обе́да.

→ Е́сли бы сего́дня бы́ло воскресе́нье, ...

5) У нас нет маши́ны. Мы не мо́жем путеше́ствовать далеко́.

→ Е́сли бы у нас была́ маши́на, ...

**3** ペアを組んで、下記の表現を参考に、最上級を使ったクイズを出してみましょう。

- са́мое большо́е о́зеро   - са́мая высо́кая гора́   - са́мый ста́рый го́род
- са́мый интере́сный предме́т   - бе́гать быстре́е всех
- бо́льше всего́ люби́ть   - лу́чше всех говори́ть по-ру́сски

例1 : — Како́е са́мое большо́е о́зеро в Япо́нии?

— Са́мое большо́е о́зеро в Япо́нии  — Би́ва.

例2 : — Что я бо́льше всего́ люблю́?  — Бо́льше всего́ ты лю́бишь натто́.

**4** ペアを組んで、会話④や例を参考に、お互いの誕生日や年齢を聞いてみましょう。

例1 : — Ско́лько тебе́ лет?  — Мне 21 (два́дцать оди́н) год.

例2 : — Когда́ у тебя́ день рожде́ния?  — Тре́тьего ию́ня. А у тебя́?

## ● 名詞の語末変化表

| 性 | 語末 | 主 | 単数 生 | 単数 与 | 単数 対 | 単数 造 | 単数 前 | 複数 主 | 複数 生 | 複数 与 | 複数 対 | 複数 造 | 複数 前 |
|---|---|---|---|---|---|---|---|---|---|---|---|---|---|
| 男性 | б, в, д, з, л, м, н, п, р, с, т, ф | телефо́н 電話 (不活) / студе́нт 学生 (活) | -а | -у | 主(不活)/生(活) | -ом | -е | -ы | -ов | -ам | 主(不活)/生(活) | -ами | -ах |
| | г, к, х | уче́бник 教科書 (不活) / ма́льчик 少年 (活) | -а | -у | 主(不活)/生(活) | -ом | -е | -и | -ов | -ам | 主(不活)/生(活) | -ами | -ах |
| | ц | ме́сяц 月 (不活) / япо́нец[1] 日本人 (活) | -а | -у | 主(不活)/生(活) | -ем (-о́м) | -е | -ы | -ев (-о́в) | -ам | 主(不活)/生(活) | -ами | -ах |
| | ж, ч, ш, щ | ключ[2] 鍵 (不活) / врач[2] 医者 (活) | -а | -у | 主(不活)/生(活) | -о́м (-ем) | -е | -и | -ей | -ам | 主(不活)/生(活) | -ами | -ах |
| | -ь | паро́л-ь パスワード(不活) / писа́тел-ь 作家 (活) | -я | -ю | 主(不活)/生(活) | -ем (-ём) | -е | -и | -ей | -ям | 主(不活)/生(活) | -ями | -ях |
| | -й | музе́-й 博物館 (不活) / геро́-й 英雄 (活) | -я | -ю | 主(不活)/生(活) | -ем | -е | -и | -ев | -ям | 主(不活)/生(活) | -ями | -ях |
| | и-й | коммента́ри-й 解説(不活) / Ю́ри-й ユーリー (活) | -я | -ю | 主(不活)/生(活) | -ем | и | -и | -ев | -ям | 主(不活)/生(活) | -ями | -ях |
| 女性 | б-а, в-а, д-а, з-а, л-а, м-а, н-а, п-а, р-а, с-а, т-а, ф-а | шко́л-а 学校 (不活) / ры́б-а 魚 (活) | -ы | -е | -у | -ой | -е | -ы | — | -ам | 主(不活)/生(活) | -ами | -ах |
| | г-а, к-а, х-а | кни́г-а 本 (不活) / подру́г-а 女友達 (活) | -и | -е | -у | -ой | -е | -и | — | -ам | 主(不活)/生(活) | -ами | -ах |
| | ж-а, ч-а, ш-а, щ-а | гру́ш-а 梨 (不活) / Ма́ш-а マーシャ (活) | -и | -е | -у | -ей (-ой) | -е | -и | — | -ам | 主(不活)/生(活) | -ами | -ах |
| | ц-а | у́лиц-а 通り (不活) / ку́риц-а 鶏 (活) | -ы | -е | -у | -ей (-ой) | -е | -ы | — | -ам | 主(不活)/生(活) | -ами | -ах |
| | -я | неде́л-я 週 (不活) / тёт-я 伯母 (活) | -и | -е | -ю | -ей (-ёй) | -е | -и | -ь | -ям | 主(不活)/生(活) | -ями | -ях |
| | а-я, е-я, у-я | ше́-я 首 (不活) / фе́-я 妖精 (活) | -и | -е | -ю | -ей (-ёй) | -е | -и | -й | -ям | 主(不活)/生(活) | -ями | -ях |
| | и-я | фотогра́фи-я 写真 (不活) / Мари́-я マリヤ (活) | -и | -и | -ю | -ей | -и | -и | -й | -ям | 主(不活)/生(活) | -ями | -ях |
| | -ь | тетра́д-ь ノート (不活) / ло́шад-ь[3] 馬 (活) | -и | -и | 主 | -ью | -и | -и | -ей | -ям | 主(不活)/生(活) | -ями | -ях |
| | ж-ь, ч-ь, ш-ь, щ-ь | вещ-ь[3] 物 (不活) / мыш-ь[3] 鼠 (活) | -и | -и | 主 | -ью | -и | -и | -ей | -ам | 主(不活)/生(活) | -ами | -ах |
| | -ья | глазу́н-ья 目玉焼 (不活) / Ната́л-ья ナタリヤ (活) | -ьи | -ье | -ью | -ьей (-ьёй) | -ье | -ьи | -ий (-ей) | -ьям | 主(不活)/生(活) | -ьями | -ьях |
| 中性 | -о | сло́в-о[4] 言葉 (不活) / лиц-о́[5] 人物 (活) | -а | -у | 主 | -ом | -е | -а | — | -ам | 主(不活)/生(活) | -ами | -ах |
| | ж-е, ц-е, ч-е, ш-е, щ-е | па́стбищ-е 牧場 (不活) / чудо́вищ-е 怪物 (活) | -а | -у | 主 | -ем | -е | -а | — | -ам | 主(不活)/生(活) | -ами | -ах |
| | -е | мо́р-е[4] 海 (不活) | -я | -ю | 主 | -ем | -е | -я | -ей | -ям | 主(不活)/生(活) | -ями | -ях |
| | и-е | зада́ни-е 課題 (不活) | -я | -ю | 主 | -ем | -и | -я | -й | -ям | 主(不活)/生(活) | -ями | -ях |
| | -ье | пече́н-ье クッキー (不活) | -ья | -ью | 主 | -ьем (-ьём) | -ье | -ья | -ий (-ей) | -ьям | 主(不活)/生(活) | -ьями | -ьях |
| | м-я | и́м-я[4] 名前 (不活) | -ени | -ени | 主 | -енем | -ени | -ена́ | -ён | -ена́м | 主(不活)/生(活) | -ена́ми | -ена́х |

[1] 単数生格以下で e が消える（出没母音）。

[2] 単数生格以下、アクセントが語尾に移動。

[3] 複数生格以下、アクセントが語尾に移動。

[4] 複数主格以下、アクセントが語尾に移動。

[5] 複数主格以下、アクセントが語幹に移動。

● 形容詞の語尾変化表（硬変化と軟変化）

| | | 主 | 生 | 与 | 対 | 造 | 前 |
|---|---|---|---|---|---|---|---|
| 硬変化① | 男 | нóв-ый | -ого | -ому | =主／生 | -ым | -ом |
| | 女 | нóв-ая | -ой | -ой | -ую | -ой | -ой |
| | 中 | нóв-ое | -ого | -ому | -ое | -ым | -ом |
| | 複 | нóв-ые | -ых | -ым | =主／生 | -ыми | -ых |
| 硬変化② | 男 | молод-óй | -óго | -óму | =主／生 | -ы́м | -óм |
| | 女 | молод-áя | -óй | -óй | -ýю | -óй | -óй |
| | 中 | молод-óе | -óго | -óму | -óе | -ы́м | -óм |
| | 複 | молод-ы́е | -ы́х | -ы́м | =主／生 | -ы́ми | -ы́х |
| 軟変化 | 男 | домáшн-ий | -его | -ему | =主／生 | -им | -ем |
| | 女 | домáшн-яя | -ей | -ей | -юю | -ей | -ей |
| | 中 | домáшн-ее | -его | -ему | -ее | -им | -ем |
| | 複 | домáшн-ие | -их | -им | =主／生 | -ими | -их |

● 「正書法の規則」が適用される形容詞の語尾変化表

| | | 主 | 生 | 与 | 対 | 造 | 前 |
|---|---|---|---|---|---|---|---|
| 硬変化① | 男 | рýсск-ий | -ого | -ому | =主／生 | -им | -ом |
| | 女 | рýсск-ая | -ой | -ой | -ую | -ой | -ой |
| | 中 | рýсск-ое | -ого | -ому | -ое | -им | -ом |
| | 複 | рýсск-ие | -их | -им | =主／生 | -ими | -их |
| 硬変化② | 男 | как-óй | -óго | -óму | =主／生 | -и́м | -óм |
| | 女 | как-áя | -óй | -óй | -ýю | -óй | -óй |
| | 中 | как-óе | -óго | -óму | -ое | -и́м | -óм |
| | 複 | как-и́е | -и́х | -и́м | =主／生 | -и́ми | -и́х |
| 軟変化 | 男 | хорóш-ий | -его | -ему | =主／生 | -им | -ем |
| | 女 | хорóш-ая | -ей | -ей | -ую | -ей | -ей |
| | 中 | хорóш-ее | -его | -ему | -ее | -им | -ем |
| | 複 | хорóш-ие | -их | -им | =主／生 | -ими | -их |

● 形容詞短語尾形の変化表

| | готóвый | занятый | свобóдный |
|---|---|---|---|
| 男 | готóв | зáнят | свобóден |
| 女 | готóв-а | занят-á | свобóдн-а |
| 中 | готóв-о | зáнят-о | свобóдн-о |
| 複 | готóв-ы | зáнят-ы | свобóдн-ы |

● 所有代名詞の変化表

① 所有代名詞の主格の性数変化

|  | **КТО** | Я | ТЫ | ОН | ОНА́ | ОНО́ | МЫ | ВЫ | ОНИ́ |
|---|---|---|---|---|---|---|---|---|---|
| 男 | **чей?** | мой | твой | | | | наш | ваш | |
| 女 | **чья?** | моя́ | твоя́ | его́ | её | его́ | на́ша | ва́ша | их |
| 中 | **чьё?** | моё | твоё | | | | на́ше | ва́ше | |
| 複 | **чьи?** | мои́ | твои́ | | | | на́ши | ва́ши | |

② 所有代名詞の格変化

|  |  | 主 | 生 | 与 | 対 | 造 | 前 |
|---|---|---|---|---|---|---|---|
| чей | 男 | чей | чьего́ | чьему́ | ＝主／生 | чьим | чьём |
|  | 女 | чья | чьей | чьей | чью | чьей | чьей |
|  | 中 | чьё | чьего́ | чьему́ | ＝主 | чьим | чьём |
|  | 複 | чьи | чьих | чьим | ＝主／生 | чьи́ми | чьих |
| мой | 男 | мо́й | моего́ | моему́ | ＝主／生 | мои́м | моём |
|  | 女 | моя́ | мое́й | мое́й | мою́ | мое́й | мое́й |
|  | 中 | моё | моего́ | моему́ | ＝主 | мои́м | моём |
|  | 複 | мои́ | мои́х | мои́м | ＝主／生 | мои́ми | мои́х |
| наш | 男 | наш | на́шего | на́шему | ＝主／生 | на́шим | на́шем |
|  | 女 | на́ша | на́шей | на́шей | на́шу | на́шей | на́шей |
|  | 中 | на́ше | на́шего | на́шему | ＝主 | на́шим | на́шем |
|  | 複 | на́ши | на́ших | на́шим | ＝主／生 | на́шими | на́ших |

＊ твой, свой の変化パターンは мой に同じ。

＊ ваш の変化パターンは наш に同じ。

＊ его, её, их は格変化しない。

● 指示代名詞 этот（この）と限定代名詞 весь（すべての）の変化表

|  |  | 主 | 生 | 与 | 対 | 造 | 前 |
|---|---|---|---|---|---|---|---|
| этот | 男 | э́тот | э́того | э́тому | ＝主／生 | э́тим | э́том |
|  | 女 | э́та | э́той | э́той | э́ту | э́той | э́той |
|  | 中 | э́то | э́того | э́тому | ＝主 | э́тим | э́том |
|  | 複 | э́ти | э́тих | э́тим | ＝主／生 | э́тими | э́тих |
| весь | 男 | весь | всего́ | всему́ | ＝主／生 | всем | всём |
|  | 女 | вся | всей | всей | всю | всей | всей |
|  | 中 | всё | всего́ | всему́ | ＝主 | всем | всём |
|  | 複 | все | всех | всем | ＝主／生 | все́ми | всех |

● 疑問代名詞と人称代名詞の変化表

| | | 主 | 生 | 与 | 対 | 造 | 前 |
|---|---|---|---|---|---|---|---|
| 誰 | | **кто?** | **кого́?** | **кому́?** | **кого́?** | **кем?** | **ком?** |
| 何 | | **что?** | **чего́?** | **чему́?** | **что?** | **чем?** | **чём?** |
| 1人称単数 | | я | меня́ | мне | меня́ | мной | мне |
| 2人称単数 | | ты | тебя́ | тебе́ | тебя́ | тобо́й | тебе́ |
| 3人称単数 | 男 | он | его́ | ему́ | его́ | им | нём |
| | 女 | она́ | её | ей | её | ей | ней |
| | 中 | оно́ | его́ | ему́ | его́ | им | нём |
| 1人称複数 | | мы | нас | нам | нас | на́ми | нас |
| 2人称複数 | | вы | вас | вам | вас | ва́ми | вас |
| 3人称複数 | | они́ | их | им | их | и́ми | них |

● 動詞現在形の変化表

| | 第1変化 | 第2変化 |
|---|---|---|
| | чита́ть | говори́ть |
| я | чита́-ю | говор-ю́ |
| ты | чита́-ешь | говор-и́шь |
| он/она́/оно́ | чита́-ет | говор-и́т |
| мы | чита́-ем | говор-и́м |
| вы | чита́-ете | говор-и́те |
| они́ | чита́-ют | говор-я́т |

● 移動動詞定動詞の変化形および対応する不定動詞

| | | 特殊な第1変化 | | | | | | | 第2変化 |
|---|---|---|---|---|---|---|---|---|---|
| 不定形 | | идти́ | е́хать | вести́ | везти́ | нести́ | бежа́ть | плыть | лете́ть |
| 意味 | | (歩いて)行く | (乗って)行く | (歩いて)導く | (乗り物で)運ぶ | (歩いて)運ぶ | 走る | 泳ぐ | 飛ぶ |
| 現在形 | я | иду́ | е́ду | веду́ | везу́ | несу́ | бегу́ | плыву́ | лечу́ |
| | ты | идёшь | е́дешь | ведёшь | везёшь | несёшь | бежи́шь | плывёшь | лети́шь |
| | он/она́/оно́ | идёт | е́дет | ведёт | везёт | несёт | бежи́т | плывёт | лети́т |
| | мы | идём | е́дем | ведём | везём | несём | бежи́м | плывём | лети́м |
| | вы | идёте | е́дете | ведёте | везёте | несёте | бежи́те | плывёте | лети́те |
| | они́ | иду́т | е́дут | веду́т | везу́т | несу́т | бегу́т | плыву́т | летя́т |
| 過去形 | 男 | шёл | е́хал | вёл | вёз | нёс | бежа́л | плыл | лете́л |
| | 女 | шла | е́хала | вела́ | везла́ | несла́ | бежа́ла | плыла́ | лете́ла |
| | 中 | шло | е́хало | вело́ | везло́ | несло́ | бежа́ло | плы́ло | лете́ло |
| | 複 | шли | е́хали | вели́ | везли́ | несли́ | бежа́ли | плы́ли | лете́ли |
| 対応する不定動詞 | | 第2変化 | | | | | 第1変化 | | |
| | | ходи́ть | е́здить | води́ть | вози́ть | носи́ть | бе́гать | пла́вать | лета́ть |

\* 現在語幹が歯音（д, з, с, т）で終わる第2変化動詞の**1人称単数形**に注意

| Д → Ж | З → Ж | С → Ш | Т → Ч |
|---|---|---|---|
| води́ть → я вожу́<br>ты во́дишь | вози́ть → я вожу́<br>ты во́зишь | носи́ть → я ношу́<br>ты но́сишь | лете́ть → я лечу́<br>ты лети́шь |

● 接頭辞付き移動動詞一覧

|  | в(о)- 入る | вы- 出る | до- 達する | за- 立ち寄る | о(б)- 回る |
|---|---|---|---|---|---|
| идти́<br>ходи́ть | войти́ (完)<br>входи́ть (不完) | вы́йти (完)<br>выходи́ть (不完) | дойти́ (完)<br>доходи́ть (不完) | зайти́ (完)<br>заходи́ть (不完) | обойти́ (完)<br>обходи́ть (不完) |
| е́хать<br>е́здить | въе́хать (完)<br>въезжа́ть (不完) | вы́ехать (完)<br>выезжа́ть (不完) | дое́хать (完)<br>доезжа́ть (不完) | зае́хать (完)<br>заезжа́ть (不完) | объе́хать (完)<br>объезжа́ть (不完) |
| вести́<br>води́ть | ввести́ (完)<br>вводи́ть (不完) | вы́вести (完)<br>выводи́ть (不完) | довести́ (完)<br>доводи́ть (不完) | завести́ (完)<br>заводи́ть (不完) | обвести́ (完)<br>обводи́ть (不完) |
| везти́<br>вози́ть | ввезти́ (完)<br>ввози́ть (不完) | вы́везти (完)<br>вывози́ть (不完) | довезти́ (完)<br>довози́ть (不完) | завезти́ (完)<br>завози́ть (不完) | обвезти́ (完)<br>обвози́ть (不完) |
| нести́<br>носи́ть | внести́ (完)<br>вноси́ть (不完) | вы́нести (完)<br>выноси́ть (不完) | донести́ (完)<br>доноси́ть (不完) | занести́ (完)<br>заноси́ть (不完) | обнести́ (完)<br>обноси́ть (不完) |
| бежа́ть<br>бе́гать | вбежа́ть (完)<br>вбега́ть (不完) | вы́бежать (完)<br>выбега́ть (不完) | добежа́ть (完)<br>добега́ть (不完) | забежа́ть (完)<br>забега́ть (不完) | обежа́ть (完)<br>обега́ть (不完) |
| плыть<br>пла́вать | вплыть (完)<br>вплыва́ть (不完) | вы́плыть (完)<br>выплыва́ть (不完) | доплы́ть (完)<br>доплыва́ть (不完) | заплы́ть (完)<br>заплыва́ть (不完) | оплы́ть (完)<br>оплыва́ть (不完) |
| лете́ть<br>лета́ть | влете́ть (完)<br>влета́ть (不完) | вы́лететь (完)<br>вылета́ть (不完) | долете́ть (完)<br>долета́ть (不完) | залете́ть (完)<br>залета́ть (不完) | облете́ть (完)<br>облета́ть (不完) |

|  | пере- 渡る | при- 来る | под(о)- 近付く | про- 通る | у- 去る |
|---|---|---|---|---|---|
| идти́<br>ходи́ть | перейти́ (完)<br>переходи́ть (不完) | прийти́ (完)<br>приходи́ть (不完) | подойти́ (完)<br>подходи́ть (不完) | пройти́ (完)<br>проходи́ть (不完) | уйти́ (完)<br>уходи́ть (不完) |
| е́хать<br>е́здить | перее́хать (完)<br>переезжа́ть (不完) | прие́хать (完)<br>приезжа́ть (不完) | подъе́хать (完)<br>подъезжа́ть (不完) | прое́хать (完)<br>проезжа́ть (不完) | уе́хать (完)<br>уезжа́ть (不完) |
| вести́<br>води́ть | перевести́ (完)<br>переводи́ть (不完) | привести́ (完)<br>приводи́ть (不完) | подвести́ (完)<br>подводи́ть (不完) | провести́ (完)<br>проводи́ть (不完) | увести́ (完)<br>уводи́ть (不完) |
| везти́<br>вози́ть | перевезти́ (完)<br>перевози́ть (不完) | привезти́ (完)<br>привози́ть (不完) | подвезти́ (完)<br>подвози́ть (不完) | провезти́ (完)<br>провози́ть (不完) | увезти́ (完)<br>увози́ть (不完) |
| нести́<br>носи́ть | перенести́ (完)<br>переноси́ть (不完) | принести́ (完)<br>приноси́ть (不完) | поднести́ (完)<br>подноси́ть (不完) | пронести́ (完)<br>проноси́ть (不完) | унести́ (完)<br>уноси́ть (不完) |
| бежа́ть<br>бе́гать | перебежа́ть (完)<br>перебега́ть (不完) | прибежа́ть (完)<br>прибега́ть (不完) | подбежа́ть (完)<br>подбега́ть (不完) | пробежа́ть (完)<br>пробега́ть (不完) | убежа́ть (完)<br>убега́ть (不完) |
| плыть<br>пла́вать | переплы́ть (完)<br>переплыва́ть (不完) | приплы́ть (完)<br>приплыва́ть (不完) | подплы́ть (完)<br>подплыва́ть (不完) | проплы́ть (完)<br>проплыва́ть (不完) | уплы́ть (完)<br>уплыва́ть (不完) |
| лете́ть<br>лета́ть | перелете́ть (完)<br>перелета́ть (不完) | прилете́ть (完)<br>прилета́ть (不完) | подлете́ть (完)<br>подлета́ть (不完) | пролете́ть (完)<br>пролета́ть (不完) | улете́ть (完)<br>улета́ть (不完) |

\* идти́ に при- が付いた場合のみ現在変化形で й が消える

　　войти́ (войду́...) 入る　вы́йти (вы́йду...) 出る　прийти́ (приду́...) 来る

● 主要前置詞一覧

| без(о) | ＋生格（кого́ / чего́） | 〜なしに |
|---|---|---|
| благодаря́ | ＋与格（кому́ / чему́） | 〜のおかげで |
| в(о) | ＋対格（кого́ / что） | 〜へ・〜の中へ・〜（曜日・時）に |
| | ＋前置格（ком / чём） | 〜で・〜の中で・〜（年・月）に |
| вме́сто | ＋生格（кого́ / чего́） | 〜の代わりに |
| вокру́г | ＋生格（кого́ / чего́） | 〜の周りで |
| для | ＋生格（кого́ / чего́） | 〜のために・〜にとって |
| до | ＋生格（кого́ / чего́） | 〜まで（空間的・時間的） |
| за | ＋対格（кого́ / что） | 〜の向こうへ・〜（ある時間）内に・〜のために |
| | ＋造格（кем / чем） | 〜の向こうで・〜の後に・〜を求めて |
| из(о) | ＋生格（кого́ / чего́） | 〜から（空間的）・〜（材料）でできた・〜が原因で |
| из-за | ＋生格（кого́ / чего́） | 〜の向こうから・〜のせいで |
| из-под(о) | ＋生格（кого́ / чего́） | 〜の下から |
| к(о) | ＋与格（кому́ / чему́） | 〜のほうへ・〜のところへ（空間的）・〜までに（時間的） |
| кро́ме | ＋生格（кого́ / чего́） | 〜を除いて |
| ме́жду | ＋造格（кем / чем） | 〜の間に（空間的・時間的） |
| на | ＋対格（кого́ / что） | 〜へ・〜の表面へ・〜（祭日など）に・〜（期間）の予定で |
| | ＋前置格（ком / чём） | 〜で・〜の表面で・〜（楽器など）で |
| над(о) | ＋造格（кем / чем） | 〜の上方で |
| о(б), обо | ＋前置格（ком / чём） | 〜について |
| | ＋対格（кого́ / что） | 〜に（当たって） |
| о́коло | ＋生格（кого́ / чего́） | 〜の周りで・約〜 |
| от(о) | ＋生格（кого́ / чего́） | 〜から（空間的・時間的）・〜が原因で |
| перед(о) | ＋造格（кем / чем） | 〜の前に（空間的・時間的） |
| по | ＋与格（кому́ / чему́） | 〜に沿って・〜中を・〜に従って・〜が原因で |
| | ＋対格（кого́ / что） | 〜まで（時間的） |
| | ＋前置格（ком / чём） | 〜の後で |
| под(о) | ＋対格（кого́ / что） | 〜の下へ・〜の近郊へ・〜（音楽など）に合わせて |
| | ＋造格（кем / *чем*） | 〜の下で・〜の近郊で |
| по́сле | ＋生格（кого́ / чего́） | 〜の後で |
| при | ＋前置格（ком / чём） | 〜に際して・〜に付属して〜・のそばで・〜の面前で |
| про | ＋対格（кого́ / что） | 〜について |
| про́тив | ＋生格（кого́ / чего́） | 〜に対して・〜に向かい合って・〜に反対して |
| с(о) | ＋生格（кого́ / чего́） | 〜から（空間的・時間的）・〜が原因で |
| | ＋対格（кого́ / что） | 〜くらい |
| | ＋造格（кем / чем） | 〜とともに |
| сквозь | ＋対格（кого́ / что） | 〜を通して |
| среди́ | ＋生格（кого́ / чего́） | 〜の間で・〜の中で（空間的） |
| у | ＋生格（кого́ / чего́） | 〜のもとで・〜のそばで・〜から（取得源） |
| через | ＋対格（кого́ / что） | 〜を渡って・〜を経由して・〜（時間）後に |

● 個数詞（0-100）

| 0 | ноль (нуль) | | | | |
|---|---|---|---|---|---|
| 1 | оди́н (男)、одна́ (女)、одно́ (中)、одни́ (複) | 11 | оди́ннадцать | | |
| 2 | два (男 / 中)、две (女) | 12 | двена́дцать | 20 | два́дцать |
| 3 | три | 13 | трина́дцать | 30 | три́дцать |
| 4 | четы́ре | 14 | четы́рнадцать | 40 | со́рок |
| 5 | пять | 15 | пятна́дцать | 50 | пятьдеся́т |
| 6 | шесть | 16 | шестна́дцать | 60 | шестьдеся́т |
| 7 | семь | 17 | семна́дцать | 70 | се́мьдесят |
| 8 | во́семь | 18 | восемна́дцать | 80 | во́семьдесят |
| 9 | де́вять | 19 | девятна́дцать | 90 | девяно́сто |
| 10 | де́сять | | | 100 | сто |

● 200 以上の数詞

| | |
|---|---|
| 200 | две́сти |
| 300 | три́ста |
| 400 | четы́реста |
| 500 | пятьсо́т |
| 600 | шестьсо́т |
| 700 | семьсо́т |
| 800 | восемьсо́т |
| 900 | девятьсо́т |
| 1000 | ты́сяча |
| 2000 | две ты́сячи |
| 10 000 | де́сять ты́сяч |
| 100 000 | сто ты́сяч |
| 1 000 000 | миллио́н |

● 時と分の言い方

| час | | мину́та | |
|---|---|---|---|
| 0 | часо́в | 0 | мину́т |
| 1 | час | 1 | мину́та |
| 2 | часа́ | 2 | мину́ты |
| 3 | | 3 | |
| 4 | | 4 | |
| 5 \| 20 | часо́в | 5 \| 20, 30, 40, 50 | мину́т |
| 21 | час | 21, 31, 41, 51 | мину́та |
| 22 23 | часа́ | 22, 32, 42, 52 23, 33, 43, 53 24, 34, 44, 54 | мину́ты |
| | | 25, 35, 45, 55 \| \| \| \| 29, 39, 49, 59 | мину́т |

● 序数詞（～番目の）

| 1 | пе́рвый | 14 | четы́рнадцатый | 90 | девяно́стый |
|---|---|---|---|---|---|
| 2 | второ́й | 15 | пятна́дцатый | 100 | со́тый |
| 3 | тре́тий | 16 | шестна́дцатый | 200 | двухсо́тый |
| 4 | четвёртый | 17 | семна́дцатый | 300 | трёхсо́тый |
| 5 | пя́тый | 18 | восемна́дцатый | 400 | четырёхсо́тый |
| 6 | шесто́й | 19 | девятна́дцатый | 500 | пятисо́тый |
| 7 | седьмо́й | 20 | двадца́тый | 600 | шестисо́тый |
| 8 | восьмо́й | 30 | тридца́тый | 700 | семисо́тый |
| 9 | девя́тый | 40 | сороково́й | 800 | восьмисо́тый |
| 10 | деся́тый | 50 | пятидеся́тый | 900 | девятисо́тый |
| 11 | оди́ннадцатый | 60 | шестидеся́тый | 1000 | ты́сячный |
| 12 | двена́дцатый | 70 | семидеся́тый | 2000 | двухты́сячный |
| 13 | трина́дцатый | 80 | восьмидеся́тый | 1 000 000 | миллио́нный |

● 序数詞 тре́тий の変化表

| | 主格 | 生格 | 与格 | 対格 | 造格 | 前置格 |
|---|---|---|---|---|---|---|
| 男 | тре́тий | тре́тьего | тре́тьему | ＝主 (不活)／生 (不活) | тре́тьим | тре́тьем |
| 女 | тре́тья | тре́тьей | тре́тьей | тре́тью | тре́тьей | тре́тьей |
| 中 | тре́тье | тре́тьего | тре́тьему | тре́тье | тре́тьим | тре́тьем |
| 複 | тре́тьи | тре́тьих | тре́тьим | ＝主 (不活)／生 (不活) | тре́тьими | тре́тьих |

● 国名・民族名・言語

| | 国名 | 男性 | 女性 | 複数 | ～語で、～式で |
|---|---|---|---|---|---|
| 日本 | Япо́ния | япо́нец | япо́нка | япо́нцы | по-япо́нски |
| ロシア | Росси́я | ру́сский (民族名)<br>россия́нин (国籍) | ру́сская<br>россия́нка | ру́сские<br>россия́не | по-ру́сски |
| 中国 | Кита́й | кита́ец | китая́нка | кита́йцы | по-кита́йски |
| 韓国 | Ю́жная Коре́я | коре́ец | коре́янка | коре́йцы | по-коре́йски |
| 北朝鮮 | Се́верная Коре́я | | | | |
| アメリカ | Аме́рика / США | америка́нец | америка́нка | америка́нцы | по-англи́йски |
| イギリス | А́нглия | англича́нин | англича́нка | англича́не | |
| フランス | Фра́нция | францу́з | францу́женка | францу́зы | по-францу́зски |
| ドイツ | Герма́ния | не́мец | не́мка | не́мцы | по-неме́цки |
| イタリア | Ита́лия | италья́нец | италья́нка | италья́нцы | по-италья́нски |
| スペイン | Испа́ния | испа́нец | испа́нка | испа́нцы | по-испа́нски |

ロシア語の世界へ！
―初心者の旅―

検印
省略

© 2021 年 1 月 30 日　第 1 版　発行
2022 年 10 月 30 日　第 2 刷　発行

著　者　　　　青　島　陽　子
　　　　　　　シュラトフ・ヤロスラブ
　　　　　　　中　野　悠　希

発行者　　　　原　　雅　久
発行所　　　株式会社朝日出版社
　　　〒 101-0065 東京都千代田区西神田 3-3-5
　　　　　電話 (03)3239-0271・72（直通）
　　　　　振替口座　東京　00140-2-46008
　　　　　http://www.asahipress.com/
　　　　　　　　　　　　　欧友社／図書印刷